EXTRAIT

DU

SERVICE DE LA GENDARMERIE EN CAMPAGNE

PAR DEMANDES & RÉPONSES

A L'USAGE DE

MM. les Chefs de Brigade et Gendarmes

PARIS

IMPRIMERIE & LIBRAIRIE A. LE NORMAND

ANCIENNE MAISON LÉAUTEY

187, BOULEVARD SAINT-GERMAIN ET RUE SAINT-GUILLAUME, 24

EXTRAIT

SERVICE DE LA GENDARMERIE EN CAMPAGNE

PAR DEMANDES & RÉPONSES

A L'USAGE DE

MM. les Chefs de Brigade et Gendarmes

PARIS

IMPRIMERIE & LIBRAIRIE A. LE NORMAND

ANCIENNE MAISON LÉAUTEY

187, BOULEVARD SAINT-GERMAIN ET RUE SAINT-GUILLAUME, 24

SERVICE

DE LA

GENDARMERIE EN CAMPAGNE

Par Demandes et Réponses

D. — Quelles sont les attributions de la gendarmerie en campagne ?

R. — La gendarmerie en campagne est chargée :

1° De la recherche et de la constatation des crimes, délits et contraventions, de la rédaction des procès-verbaux, de la poursuite et de l'arrestation des coupables, du transfèrement des prisonniers ;

2° En toute situation et circonstance, de la police et du maintien de l'ordre dans la zone occupée par les troupes ;

3° De la surveillance des individus non militaires qui suivent l'armée en vertu d'une permission, ainsi que des vagabonds et des individus soupçonnés d'espionnage ;

4° Du service des prisons établies dans les quartiers généraux ;

5° De la surveillance et de la direction des sauvegardes ;

6° Du groupement, du commandement, de la direction et de la surveillance des trains régimentaires ;

7° De la surveillance des prisonniers de guerre, après leur capture, jusqu'au jour de leur évacuation sur l'arrière. (Art. 1er.)

D. — Quelle est l'organisation de la gendarmerie aux armées, et comment désigne-t-on les divers emplois des officiers de la prévôté ?

R. — Le service de la gendarmerie aux armées est organisé par armée.

Le commandement de la gendarmerie d'une armée est exercé par un général ou à défaut par un colonel ou lieutenant-colonel portant le titre de grand prévôt. Auprès du grand prévôt est placé un capitaine trésorier faisant fonctions de greffier.

Le commandant de la gendarmerie d'un corps d'armée ou d'une direction d'étapes est appelé prévôt.

Les commandants de la gendarmerie affectée aux unités ci-après : division d'infanterie, division de cavalerie, brigade de cavalerie de corps d'armée, brigade opérant isolément, commandements d'étapes, prennent le titre de commandant de la force publique, suivi de la désignation de l'unité à laquelle ils sont attachés.

Dans chaque quartier général de corps d'armée, un officier de gendarmerie, qui porte le titre de vaguemestre, est chargé de réunir et de former le train régimentaire, d'après les ordres du chef d'état-major, et d'en assurer la police et la direction.

Dans une division, c'est le commandant de la force publique qui remplit les fonctions de vaguemestre.

D. — *N'y a-t-il pas certaines formations prévôtales comportant une subdivision en groupes ?*

R. — Certaines d'entre elles comprennent deux et même trois groupes affectés chacun à un service spécial.

Ainsi la prévôté du quartier général d'un corps d'armée comprend en principe :

Premier groupe : service du quartier général :
Deuxième groupe : garde des prisonniers ;
Troisième groupe : surveillance des trains régimentaires. (Art. 3.)

D. — *De quelles autorités relève la gendarmerie en campagne ?*

R. — La gendarmerie ne relève que de ses chefs directs, ainsi que des généraux et des chefs d'état-major près desquels elle est placée.

D. — *Peut-elle être employée au service d'escorte ou d'estafette ?*

R. — Elle ne peut être employée au service général d'escorte et d'estafette que dans le cas de la plus absolue nécessité ; elle ne peut non plus fournir d'ordonnances aux officiers, quel que soit leur grade ; mais le grand prévôt dispose, comme plantons, du nombre de gendarmes qu'il juge nécessaire. Les prévôts et les officiers commandant les diverses forces publiques sont accompagnés du nombre de gendarmes nécessaire pour assurer l'exécution de leur service. (Art. 8.)

D. — *Par qui les militaires de la gendarmerie peuvent-ils être punis ?*

R. — Les gendarmes ne peuvent être punis que par leurs chefs directs dans les conditions indiquées par le service intérieur de leur arme, par les généraux commandant les unités auxquelles ils sont affectés et par les chefs d'état-major de ces unités.

Toute faute méritant répression, commise par l'un d'eux, est signalée au prévôt et au grand prévôt.

Il est donné connaissance, à l'autorité qui a porté la plainte, de la punition infligée.

Au grand prévôt, au général, au chef d'état-major de l'unité dont relèvent les intéressés, appartient le droit de diminuer, de changer la nature et même de faire cesser les punitions prononcées. (Art. 9.)

D. — *Les militaires de la gendarmerie peuvent-ils pénétrer dans les camps et cantonnements ?*

R. — Pour faciliter l'exécution de leur service, les sous-officiers, brigadiers et gendarmes sont autorisés à pénétrer, à toute heure de jour et de nuit, dans l'intérieur des camps et cantonnements. A cet effet, ils sont munis du mot d'ordre, qui est envoyé, par les chefs d'état-major, aux commandants de la gendarmerie en même temps qu'aux autres chefs de service. (Art. 14.)

D. — *Comment la gendarmerie reçoit-elle les réquisitions ?*

R. — Les réquisitions adressées à la gendarmerie doivent, à moins de circonstances exceptionnelles, passer par l'intermédiaire des officiers de l'arme, dans les divisions et corps d'armée. (Art. 16.)

D. — *La gendarmerie est-elle elle-même dans le cas d'adresser des réquisitions à la troupe des autres armes ?*

R. — Les officiers et les hommes de troupe de toutes armes sont tenus de déférer aux réquisitions de la gendarmerie, lorsqu'elle croit avoir besoin d'appui.

D. — *Comment la gendarmerie doit-elle agir dans ses relations avec les corps de troupe ?*

R. — Dans toutes ses relations avec les corps de troupe, la gendarmerie doit agir avec la mesure et le discernement indispensables au légitime exercice de ses droits ; mais elle ne doit pas hésiter à signaler le mauvais vouloir et les résistances qui entraveraient l'exécution de son service. (Art 17.)

D. — *Dans quelles conditions est assurée l'installation des prévôtés en campagne ?*

R. — Pour la facilité du service, les prévôtés sont toujours cantonnées, bivouaquées ou campées à proximité des quartiers généraux dont elles dépendent.

Les sous-officiers, brigadiers et gendarmes sont toujours installés le plus près possible de leurs officiers, et, autant qu'on le peut, dans les lieux habités, à cause de la surveillance à exercer sur les cabarets, les boulangeries, les boucheries, les bureaux de tabac, etc., et de la main-forte à prêter, le cas échéant, aux sauvegardes. (Art. 18.)

D. — *Quels sont les soins à prendre en cas de séjour dans un cantonnement ?*

R. — En cas de séjour dans un cantonnement, les officiers de gendarmerie, et sous leurs ordres les chefs de brigade, profitent des jours de repos pour faire nettoyer les armes de leur détachement, mettre en état les effets de toute nature (et les voitures) et faire ferrer et panser à fond les chevaux.

Ils veillent à la propreté corporelle de leurs hommes ; ils passent dans les logements, visitent les écuries, s'assurent que leurs subordonnés sont pourvus de tout ce que l'habitant doit leur fournir, et répriment sévèrement toute exigence illégitime de leur part.

Au cantonnement comme au bivouac, le paquetage doit être fait tous les soirs, et disposé de manière à être promptement chargé sur les chevaux. (Art. 19.)

D. — *Quels sont les individus non militaires dont la gendarmerie a la surveillance ?*

R. — Les individus non militaires, dont la police incombe à la gendarmerie, forment deux catégories distinctes :

1º Individus non militaires attachés à divers titres à l'armée : secrétaires, interprètes, employés, vivandiers, cantiniers et marchands ; domestiques des officiers, des employés, des vivandiers et des marchands ;

2º Individus non militaires et non attachés à l'armée, suivant les troupes ou rencontrés par elles : vagabonds, espions, tenanciers de jeux de hasard, femmes de mauvaise vie, voyageurs.

Les mesures prises à leur égard sont de la plus haute importance pour empêcher ou réprimer l'espionnage. (Art. 20.)

D. — *Quelles sont les mesures prises à l'égard des secrétaires, interprètes et employés non militaires attachés à l'armée ?*

R. — Les généraux et fonctionnaires de l'armée qui ont à leur suite des secrétaires, des interprètes, des employés, sont tenus d'en faire connaître les noms, prénoms, âges, lieux de naissance et signalements, soit au grand prévôt, soit au prévôt, soit au commandant de la force publique de leur unité ou détachement,

Les secrétaires, les interprètes, les employés, sont inscrits sur un registre avec tous les renseignements qui les concernent. (Art. 21.)

D. — *Comment la surveillance exercée par la gendarmerie sur les domestiques est-elle facilitée ?*

R. — Les domestiques des officiers, des employés de l'armée, des vivandiers et des marchands autorisés, sont tenus d'avoir une attestation de la personne qui les emploie, indiquant qu'ils sont à son service. Cette attestation est visée dans les corps de troupe par les chefs de corps, dans les états-majors et les services par les prévôts. S'ils obtiennent des permissions, elles doivent être visées de la même manière.

Ils doivent, en outre, porter d'une manière ostensible une plaque, un brassard ou un insigne cousu sur la manche, indiquant leur nom et celui de la personne près de laquelle ils sont employés.

Il est défendu de prendre à l'armée un domestique s'il n'est porteur d'un titre attestant qu'il est définitivement libéré du service.

La gendarmerie arrête les domestiques qui, sur sa réquisition, ne lui présentent pas l'attestation signée de leur maître, constatant qu'ils sont à son service, et, s'il y a lieu, leur permission.

Un domestique qui, pendant la campagne, abandonne la personne qui l'emploie est réputé vagabond et arrêté comme tel.

Lorsqu'un domestique vient à cesser ses fonctions, la personne qui l'emploie est tenue de lui retirer l'attestation et l'insigne qu'elle lui a délivrés et d'en aviser sans retard, le commandant de la prévôté. Si le domestique disparaît sans rendre l'autorisation dont il est muni, avis en est donné immédiatement, par l'employeur, au commandant de la prévôté ou de la force publique, qui en rend compte d'urgence au commandement dont il dépend, ainsi qu'au grand prévôt, afin que des ordres soient envoyés aux diverses prévôtés, pour rechercher et retrouver le fugitif. (Art. 23.)

D. — *Comment sont délivrées les patentes ?*

R. — Les patentes des vivandiers, cantiniers et marchands sont accordées par les prévôts et par les commandants des forces publiques.

Les patentes doivent être visées par les chefs d'état-major dont relèvent les officiers de gendarmerie qui délivrent les patentes.

Les patentes, détachées d'un registre à souche, portent les indications suivantes :

Numéro de la patente ;

Nom, prénoms, âge, profession, domicile, photographie et signalement du détenteur ;

Nature des vivres, des liquides et autres marchandises à vendre ;

Fraction de l'armée pour laquelle la patente est valable. (Art. 24.)

D. — *Comment sont-elles vérifiées ?*

R. — Les patentes doivent être l'objet d'un examen sévère de la part de la gendarmerie ; elle se les fait représenter fréquemment et s'assure de l'identité des individus qui en sont détenteurs.

Les détenteurs des patentes doivent les faire viser une fois par mois par le prévôt ou le commandant de la force publique qui les a délivrées. (Art. 25.)

D. — *Quelle est la distinction extérieure des marchands et vivandiers ?*

R. — Indépendamment de leurs patentes, les marchands et les vivandiers autorisés reçoivent, contre remboursement, une plaque portant l'exergue : « marchand » ou « vivandier » et le numéro de leur patente.

La plaque dont les cantiniers commissionnés non militaires sont pourvus à leurs frais porte l'indication « cantinier » et le numéro du corps de troupe.

Les cantiniers, vivandiers et marchands sont tenus de porter cette plaque au bras gauche et d'en avoir à leur voiture une autre portant leur nom, le numéro de leur patente et l'indication de la fraction qu'ils sont autorisés à suivre. (Art. 26.)

D. — *Quelle est la tenue des cantiniers ?*

R. — La tenue des cantiniers comprend :
1° Une vareuse à deux rangées de boutons ;
2° Un pantalon du modèle général de l'infanterie.
Ces deux effets sont en drap de soldat gris de fer bleuté.
Les boutons de la vareuse sont ceux du corps de troupe auquel appartient le cantinier. L'écusson du corps est cousu au collet de l'effet ;
3° Une casquette en toile cirée, analogue à celle des soldats-ordonnances, avec bandeau en drap gris de fer bleuté ;
4° Une plaque portée au bras gauche et sur laquelle sont inscrits le mot : *Cantinier* et le numéro du corps de troupe. (Note ministérielle du 3 août 1890.)

D. — *Quelles sont les dispositions relatives à la qualité et au prix des denrées ?*

R. — Les chefs d'état-major exigent que les comestibles et les liquides dont les marchands et les vivandiers doivent être pourvus soient de bonne qualité et en quantité suffisante ; ils en fixent les prix, qui doivent être affichés par chaque marchand.
La gendarmerie s'assure que ces prescriptions sont exécutées. (Art. 27.)

D. — *Comment se fait la vérification de la qualité ?*

R. — Dans chaque corps d'armée et chaque division, un médecin ou un pharmacien militaire est chargé de faire inopinément des tournées géné- rales ou partielles pour apprécier la qualité des liquides et des comestibles débités par les marchands, les vivandiers et les cantiniers. Il est assisté, dans ses tournées, d'un maréchal des logis ou d'un brigadier de gendar- merie, avec deux gendarmes.

D. — *Que fait-on des denrées de mauvaise qualité ?*

R. — Il fait répandre ou enfouir les liquides et les comestibles qui sont reconnus susceptibles de porter atteinte à la santé des troupes. La gendar- merie dresse procès-verbal.
Tout individu militaire ou non militaire qui vend ou met en vente des substances ou denrées alimentaires ou médicamenteuses qu'il sait falsifiées ou corrompues, est traduit devant un conseil de guerre. (Art. 28.)

D. — *Dans quels cas la gendarmerie opère-t-elle des perquisitions et confiscations ?*

R. — La gendarmerie fait souvent des perquisitions dans les voitures des marchands et vivandiers. Elle confisque tous les objets autres que ceux qu'elles doivent contenir. La confiscation entraîne, s'il y a lieu, des pour- suites contre les délinquants ; s'il n'y a pas de poursuite ou s'il y a non-lieu, les objets reçoivent la destination désignée par le chef d'état-major.
Les individus qui suivent les armées comme marchands sont, en général, des gens d'une moralité douteuse. S'ils n'étaient surveillés de près, ils marauderaient, soit par eux-mêmes, soit par leurs domestiques, ou devien- draient les recéleurs de tout ce que pourraient soustraire les soldats marau- deurs.
Les perquisitions doivent être exécutées surtout lorsque les troupes près

desquelles les marchands et vivandiers exercent leur industrie viennent de quitter une ville ou un cantonnement important. (Art. 29.).

D. — *La gendarmerie visite-t-elle les poids et mesures ?*

R. — La gendarmerie vérifie souvent les poids et mesures; elle saisit ceux qui ne sont pas poinçonnés, ainsi que les faux poids, les fausses mesures, les appareils de pesage et de mesurage inexacts, et dresse procès-verbal.

D. — *De quelle juridiction relèvent ces contraventions?*

R. — Les contrevenants non militaires qui suivent l'armée sont traduits de ce chef devant le tribunal prévôtal.

Pour les mêmes infractions, les contrevenants militaires sont punis disciplinairement ou traduits devant le conseil de guerre.

Tout individu militaire ou non militaire qui a trompé ou tenté de tromper sur la quantité de la chose vendue est passible du conseil de guerre. (Art. 30.)

D. — *Comment la surveillance des cantiniers militaires est-elle exercée?*

R. — Les cantiniers et cantinières des corps de troupe reçoivent leurs patentes du conseil d'administration et sont tenus de les faire viser par le commandant de la force publique de la division ou du détachement.

La gendarmerie peut se faire représenter ces patentes. Mais les chefs de bataillon, les adjudants-majors et les adjudants sont plus spécialement chargés, envers les cantiniers et cantinières des corps de troupe, de la surveillance prescrite à la gendarmerie à l'égard des marchands et vivandiers.

Toutes les dispositions qui concernent ces derniers sont applicables aux cantiniers et cantinières des corps de troupe, notamment la double obligation de la plaque personnelle et de la plaque de voiture.

En principe, la gendarmerie doit s'abstenir de toute ingérence superflue dans l'intérieur des corps de troupe, qui ont tout intérêt à faire bonne police par eux-mêmes. Néanmoins, elle dresse procès-verbal des infractions qu'elle découvre accidentellement; elle en prévient les corps auxquels les délinquants appartiennent, et rend compte, par la voie hiérarchique, au chef d'état-major de la division. (Art. 31.)

D. — *Quels sont les individus à considérer comme vagabonds ?*

R. — Les vagabonds ou gens sans aveu sont les individus qui n'ont ni domicile certain, ni moyens d'existence, et qui n'exercent habituellement ni métier ni profession. Ils ne peuvent suivre les armées que pour se livrer au pillage et à la maraude.

La gendarmerie doit les arrêter. (Art. 33.)

D. — *Comment empêche-t-on l'espionnage ?*

R. — La gendarmerie doit exercer, au point de vue de l'espionnage, une surveillance incessante dans l'intérieur et aux abords des camps et cantonnements.

Il faut se méfier de tout individu qui, n'appartenant pas à l'armée, s'y présente pour y exercer une industrie quelconque. Les curieux doivent être également écartés avec soin.

Dans les localités où l'on séjourne plusieurs jours, il est important de surveiller, dans le voisinage des bureaux de poste, les individus étrangers au pays qui viennent jeter des lettres dans la boîte ou en réclamer au bureau restant. Les espions peuvent, en effet, correspondre entre eux par ce moyen.

Tout individu étranger à l'armée et au pays occupé, qui est trouvé dans un camp ou aux abords d'un camp avec des allures suspectes, est arrêté, fouillé minutieusement et conduit, sans retard, devant le commandant de la gendarmerie ; il est immédiatement interrogé pendant qu'il est encore sous le coup de l'émotion que lui a causée son arrestation.

D. — *Que fait-on d'un espion ?*

R. — S'il existe des preuves contre lui, le commandant de la gendarmerie le fait conduire devant le chef d'état-major avec le procès-verbal détaillé de son arrestation et de son interrogatoire et les pièces à conviction.

S'il n'y a que des soupçons, l'arrestation est maintenue jusqu'à plus ample informé.

D. — *Et s'il ne s'agit que d'un vagabond ou d'un curieux ?*

R. — Si l'individu arrêté n'a pas de moyens d'existence dont il puisse justifier, il est considéré comme vagabond et jugé par le tribunal prévôtal.

Enfin, si deux témoins honorables et dignes de foi, en résidence dans le pays occupé, répondent de l'individu arrêté, et s'il n'a été relevé d'ailleurs contre lui aucune charge, on le met en liberté en l'invitant à s'abstenir de tout acte de curiosité vis-à-vis des troupes.

Sur le territoire français ou en pays allié, la gendarmerie doit s'enquérir de tout individu qui est signalé comme manifestant des sympathies pour l'ennemi ; elle le surveille attentivement et le fait surveiller en même temps par l'autorité locale.

Lorsque deux ou plusieurs individus soupçonnés d'espionnage ont été arrêtés en même temps, ils doivent être séparés et interrogés à part, afin qu'ils ne puissent concerter leurs réponses.

D. — *Que fait-on des recéleurs ?*

R. — La gendarmerie arrête également quiconque aura recélé ou fait recéler des espions ou soldats ennemis envoyés à la découverte, et qu'elle aura connus pour tels. (Art. 34.)

D. — *Comment assure-t-on l'interdiction des jeux de hasard ?*

R. — La gendarmerie est spécialement chargée d'empêcher les jeux de hasard, qui sont formellement défendus.

Les militaires qui se livrent à ces jeux sont punis sévèrement ; ceux qui les tiennent, s'ils ne sont pas militaires, sont jugés par le tribunal de la prévôté (Code pénal, 475) ; ils sont chassés de l'armée.

Les appareils de jeux, les tables, les enjeux et les lots sont saisis et confisqués. (Code pénal, 477.) — (Art. 35.)

D. — *Qu'est-il prescrit à propos des femmes de mauvaise vie ?*

R. — La gendarmerie écarte de l'armée les femmes de mauvaise vie. (Art. 36.)

D. — *Comment la gendarmerie doit-elle se comporter à propos des voyageurs ?*

R. — En toute situation, la gendarmerie, en raison de la liberté d'action et de mouvement dont elle jouit, se trouve souvent en contact avec des voyageurs. Lorsqu'elle en rencontre un, elle l'interroge avec certaines précautions pour s'assurer d'abord que ce n'est pas un espion déguisé, pour obtenir ensuite des renseignements sur l'ennemi.

Elle lui demande son nom, son passeport ; d'où il vient et où il va ; s'il a rencontré des troupes en marche, leur espèce, leur nombre approximatif ; à combien il estime le nombre des ennemis dans les lieux où il a passé ; si les troupes sont en bon état ; s'il y a des malades ; les villages où il y avait le plus de troupes ; où sont les dernières lignes des avant-postes ennemis ; où se trouvent l'infanterie, la cavalerie ; comment sont les chemins, les ponts ; si l'ennemi les répare ou les dégrade ; s'il se fortifie ; si les vivres sont chers dans le pays occupé par l'ennemi ; si le pays a pu conserver son bétail ; quels sont les bruits publics ; quelles nouvelles renferment les journaux de l'ennemi ; que dit le dernier journal lu.

Les réponses faites, si elles ont une importance suffisante, sont consignées par écrit, séance tenante, ou aussitôt après, et transmises, sous pli cacheté, au chef d'état-major, à qui on adresse, s'il y a lieu, le voyageur.

Au cas où on ne peut écrire, on fait accompagner celui-ci par un sous-officier, brigadier ou gendarme capable de dire au chef d'état-major ce qu'on n'écrit pas.

La gendarmerie exerce une surveillance particulière sur les endroits où passent, que fréquentent et où séjournent les voyageurs : entrée ou sortie des lieux habités, hôtels, auberges, gares de chemins de fer. Elle se fait présenter, par les hôteliers et aubergistes, les registres d'inscription des voyageurs. (Art. 37.)

D. — Quelle est la direction à donner aux prévenus ?

R. — Les prévenus de crimes ou de délits, qui n'appartiennent pas à l'armée et qui sont cependant justiciables des conseils de guerre, sont conduits devant l'officier général qui commande la fraction de l'armée dans la zone de laquelle ils ont été arrêtés, pour qu'il soit procédé à leur égard conformément à l'article 68 du Code de justice militaire. Ceux qui sont justiciables de la prévôté sont écroués à la prison par ordre du commandant de la prévôté ou de la force publique qui procède, sans désemparer, à leur jugement. (Art. 38.)

D. — Qu'entend-on par arrondissement d'une armée ou d'une unité ?

R. — Par arrondissement d'une armée ou d'une unité, on doit entendre : d'une part, le territoire occupé par les troupes de cette armée ou de cette unité ; de l'autre, la zone qui lui est affectée pour sa marche et ses avitaillements. (Art. 39.)

D. — Quel est le rôle de police exercé par la gendarmerie en pays occupé, et comment est-il exercé ?

R. — Pendant le stationnement, la gendarmerie, à l'aide de patrouilles de jour et de nuit, exerce une surveillance active à l'intérieur et autour des cantonnements ; elle se transporte de l'un à l'autre dans toute l'étendue du pays occupé par l'unité de l'armée à laquelle elle est attachée. Quand les distances et lorsque les exigences du service le permettent, elle forme, avec les prévôtés des formations voisines, des patrouilles de liaison, qui lui permettent de communiquer et de recueillir des renseignements intéressant le service général ou son service particulier.

Les patrouilles à l'intérieur et autour des cantonnements ont pour objet d'empêcher tout désordre, de faire fermer les cabarets et tous autres lieux publics aux heures fixées, de conduire à leurs corps les soldats avinés, d'arrêter les espions, d'empêcher la maraude, etc.

En cas de contravention, les marchands sont sévèrement punis et leurs établissements consignés à la troupe.

Des patrouilles mixtes, composées de quelques soldats et même, si cela est nécessaire, de sous-officiers, et dirigées par des gendarmes, peuvent aussi être formées pour aider la gendarmerie à protéger les populations et les propriétés. Pour faciliter ce service, un habitant peut être astreint à guider les patrouilles.

Aussitôt après l'heure fixée pour l'appel du soir et pour la fermeture des lieux publics, les patrouilles de gendarmerie procèdent elles-mêmes à l'évacuation des cafés, cabarets, auberges, etc. Elles enjoignent aux hommes de troupe qu'elles rencontrent hors des camps et cantonnements d'y rentrer immédiatement, s'ils ne sont pas porteurs de permissions en règle. Elle prend note de leur numéro matricule, du grade, ainsi que de l'arme et du numéro de leur régiment. La liste de ces militaires est remise le lendemain matin au commandant du cantonnement.

La gendarmerie arrête et reconduit à son corps tout homme de troupe qui, rencontré hors du camp ou du cantonnement après l'heure de l'appel du soir, refuse de donner son numéro matricule ou d'exhiber sa permission.

Dans le jour, la gendarmerie arrête les hommes chargés d'effets ou d'ustensiles non réglementaires dont ils ne peuvent justifier l'origine ; ceux qui coupent les arbres fruitiers ou d'agrément ; ceux qui arrachent les haies, les poteaux ou les palissades, ceux qui prennent des bois neufs ou façonnés, qui volent des fruits ou des légumes, etc.

Elle reçoit les déclarations des habitants qui ont à se plaindre de vexations commises par des militaires ou des employés de l'armée.

En pays ennemi, le commandant du cantonnement, outre qu'il prend des otages, interdit aux habitants, sous peine d'exécution militaire, de dépasser les avant-postes ; il exige qu'ils restent chez eux après l'heure fixée par lui ; il défend qu'ils sonnent les cloches ; il les prévient qu'en cas d'alerte ils ne devront ni sortir de leur demeure, ni ouvrir leurs fenêtres, ni fermer leurs volets, et, si l'alerte a lieu la nuit, qu'ils seront tenus d'éclairer leurs fenêtres à l'intérieur.

La gendarmerie veille à l'exécution stricte de ces mesures et de toutes celles qui sont prises pour accroître la sécurité des troupes.

En cas de départ, des gendarmes sont laissés dans les cantonnements et ne les quittent qu'après s'être assurés de leur évacuation complète. De même, dans leur trajet vers le point initial, les prévôtés s'assurent de la complète évacuation des cantonnements qu'elles traversent. Elles forcent les retardataires à rejoindre leur corps. (Art. 40.)

D. — Comment la salubrité publique est-elle assurée dans les camps et cantonnements ?

R. — La gendarmerie porte une attention constante à tout ce qui concerne la salubrité publique. Elle veille à la propreté des abords des camps et signale pour qu'ils soient enfouis, aux commandants des cantonnements ou bivouacs, les détritus des abatages faits par les corps de troupe.

En cas de départ précipité d'une troupe, celle qui la remplace est tenue de s'acquitter de ce soin.

Les animaux morts trouvés à proximité des camps sont signalés aux commandants de ces camps, qui prescrivent leur enfouissement par les corvées nécessaires et, s'il y a lieu, les moyens de désinfection jugés utiles. A défaut de la troupe, la gendarmerie requiert l'autorité locale ; dans tous les cas, elle adresse un compte rendu au chef d'état-major.

La gendarmerie dresse procès-verbal contre les marchands et vivandiers qui laissent séjourner, dans le voisinage de leur installation, des débris à exhalaisons insalubres.

Dans les cantonnements, elle veille à l'exécution stricte, par les habitants, des règlements édictés par l'autorité militaire pour le balayage des rues, le nettoyage des égouts et l'enlèvement des immondices

Elle rend compte au chef d'état-major des épizooties qui viennent à se produire.

Enfin, elle veille à ce que les animaux morts de maladies contagieuses soient enfouis profondément avec leur cuir. (Art. 41.)

La gendarmerie surveille la qualité des denrées vendues ou fournies par les habitants.

Elle assure l'exécution stricte des mesures de police sanitaire prescrites par le commandant d'étapes. Elle signale sans retard, à ce dernier, l'apparition des maladies épidémiques.

D. — L'achat et la vente des rations sont-ils permis ?

R. — La vente et l'achat des rations sont formellement interdits. La gendarmerie dresse procès-verbal de ces faits, dès qu'elle en est informée ou qu'elle peut les constater elle-même, et en avise le chef d'état-major. (Art. 42.)

D. — La chasse est-elle permise en campagne ?

R. — La chasse est interdite, en campagne, aux militaires de tous grades.

La gendarmerie signale les infractions à cette règle. (Art. 43.)

D. — Que fait la gendarmerie des chevaux volés ou trouvés sans maître ?

R. — La gendarmerie veille à ce qu'il ne soit pas acheté de chevaux à des personnes inconnues.

Ceux qui ont été volés ou trouvés sans maître sont présentés au chef d'état-major, qui donne les ordres nécessaires en vue de leur destination.

La gendarmerie conserve le signalement de ces chevaux, pour faciliter les recherches ultérieures (registre modèle n° 7).

Il est procédé de même pour les chevaux amenés par les déserteurs ennemis. (Art. 44.)

D. — Que fait-on en cas d'arrivage des vivres et des fourrages ?

R. — La gendarmerie concourt à la protection des voitures qui arrivent dans les camps ou cantonnements pour y transporter les vivres et fourrages nécessaires à la subsistance des troupes. Elle veille à ce que les conducteurs civils des voitures de vivres et de fourrages ne subissent aucune entrave. (Art. 45.)

D. — Où sont conduits les militaires arrêtés ?

R. — La gendarmerie reconduit à leurs corps tous les militaires qu'elle arrête, s'ils n'ont commis que des contraventions ou de légers délits.

Quand l'inculpation élevée contre eux est de la compétence des conseils de guerre, la gendarmerie les conduit à la prison du quartier général de leur unité. Les pièces de conviction sont remises au chef d'état-major.

Les pièces de conviction comprennent :

1° Le procès-verbal d'arrestation ;

2° Tous les documents recueillis dans l'instruction que l'officier de police judiciaire de la gendarmerie aura dû faire, au moins d'une façon sommaire, avant de conduire l'inculpé en prison.

Les militaires en absence illégale, les déserteurs sont dirigés sur leur corps.

Les prisonniers évadés sont dirigés sur la prison de laquelle ils se sont évadés. (Art. 46.)

D. — *Et les déserteurs ennemis ?*

R. — Lorsque des déserteurs ennemis sont amenés ou se présentent à la gendarmerie, ils sont sommairement interrogés sur leur identité et leur provenance et dirigés, le plus rapidement possible, sur le quartier général du commandant des troupes. (Art. 48.)

D. — *Quel est le rôle de la gendarmerie dans les exécutions militaires ?*

R. — Lors de l'exécution des jugements des tribunaux militaires, la gendarmerie ne peut être commandée que pour assurer le maintien de l'ordre, et reste étrangère à tous les détails de l'exécution.

En cas d'exécution capitale, le condamné est amené sur le terrain par un détachement de troupe de ligne. C'est l'officier commandant le détachement qui signe la levée d'écrou, et qui, à partir de ce moment, devient responsable du prisonnier. La gendarmerie n'a pas à intervenir dans les détails de l'inhumation, c'est le commandant du cantonnement qui prend des mesures à cet égard.

Les condamnés à une autre peine que la peine capitale sont également amenés sur le lieu d'exécution par un détachement de troupe de ligne. Lorsque le jugement a reçu son effet, ils sont remis à la gendarmerie, qui peut requérir qu'une portion du détachement lui prête main-forte pour assurer la réintégration des condamnés dans la prison où ils attendent leur transfèrement. (Art. 49.)

D. — *Comment les prisons sont-elles établies ?*

R. — Des prisons destinées à recevoir les militaires de tous grades, les gens sans aveu ou suspects, etc., sont établies dans les quartiers généraux de groupe d'armées, d'armée, de corps d'armée et de division ou de brigade opérant isolément, par les soins des prévôts et des commandants de forces publiques. Elles sont placées sous l'autorité de ces derniers et sous la surveillance des commandants des quartiers généraux.

Si la troupe est logée chez l'habitant, un local spacieux, solidement construit, facile à garder, et présentant toutes les garanties contre les évasions, est choisi par la gendarmerie.

Chaque fois que l'assiette des lieux le permettra, une chambre devra être spécialement affectée aux officiers, s'il en existe parmi les prisonniers. Les militaires sont séparés des civils, et, si cela est possible, les sous-officiers en prévention, des autres hommes de troupe.

S'il existe des caves dans la maison, elles seront transformées en cachot pour les prisonniers dangereux.

Toutes les portes devront être pourvues de moyens de fermeture solides, les diverses pièces ne pourront communiquer entre elles.

Dans le cas où la troupe est campée loin des habitations, de grandes tentes fournies par l'administration du campement sont employées à titre de prison. (Art. 50.)

D. — *Quel est l'aménagement des prisons, et comment se le procure-t-on ?*

R. — Il doit y avoir dans chaque chambre un baquet, une cruche à eau et la paille de couchage nécessaire. En cas de séjour prolongé dans un cantonnement, cette paille est renouvelée tous les dix jours.

Les prisons sont pourvues des ustensiles indispensables pour préparer les aliments des détenus et des balais nécessaires pour assurer la propreté des locaux. Ce matériel est fourni, s'il y a lieu, par l'autorité locale sur réquisition. (Art. 51.)

D. — *Quel est le personnel exécutif des prisons ?*

R. — Le chef du détachement de gendarmerie affecté à la garde des prisonniers remplit les fonctions de gardien-chef ; il est aidé, dans l'exécution de son service, par les gendarmes placés sous ses ordres.

Si le nombre des prisonniers l'exige, une garde de police est établie dans le voisinage de la prison, par ordre du général commandant, sur la demande de l'officier prévôtal.

D. — *Quel est le rôle de la garde de police auprès des prisonniers ?*

R. — Cette garde doit, à toute heure du jour et de la nuit, déférer aux réquisitions du gardien-chef ; elle prend les armes au moment des appels et pendant tous les mouvements opérés en masse par les détenus.

Il est interdit aux militaires de la garde de police d'avoir aucune espèce de communication avec les détenus. (Art. 52.)

D. — *Quels sont les individus reçus dans les prisons ?*

R. — Les prisons reçoivent :

Les militaires prévenus de crime ou de délit ;

Les militaires condamnés qui attendent, soit l'exécution de leur jugement, soit une commutation de peine, soit leur transfèrement ;

Les gens sans aveu, suspects, ou prévenus de crime ou de délit ;

Les individus, militaires ou non, voyageant sous l'escorte de la gendarmerie ;

Les militaires arrêtés en absence illégale et dont la position n'est pas déterminée ;

Les militaires désignés pour les compagnies de discipline ;

Les individus condamnés par le tribunal prévôtal à un emprisonnement de courte durée qui n'exige pas leur transfèrement sur les prisons de l'intérieur, et, en général, tous les individus dont l'incarcération est ordonnée ;

Les femmes ne sont pas généralement reçues dans les prisons des quartiers généraux ; elles sont remises à l'autorité locale ; dans le cas d'impossibilité, elles sont dirigées, d'urgence, sur les prisons de l'intérieur.

Afin d'éviter l'encombrement des prisons, les officiers prévôtaux procèdent sans désemparer au jugement de tous les individus qui leur sont amenés et sur lesquels s'étend leur juridiction. (Art. 53.)

D. — *Quelles sont les formalités à observer pour faire écrouer ?*

R. — Aucun militaire, aucun individu non militaire n'est maintenu dans les prisons que sur l'ordre du chef d'état-major ou des officiers prévôtaux.

Les individus arrêtés en flagrant délit par la gendarmerie sont reçus par le gardien-chef, en attendant que l'ordre d'écrou soit signé par l'officier prévôtal, ce qui doit avoir lieu dans les vingt-quatre heures.

Il en est de même de ceux qui sont conduits à la prison en vertu d'un mandat d'amener signé par le commissaire du gouvernement rapporteur près du conseil de guerre ; ils sont l'objet d'un ordre d'écrou signé par le chef d'état-major.

D. — *Quelle est, pendant la marche, la place des militaires punis disciplinairement de prison ?*

R. — Les militaires punis disciplinairement de prison marchent avec la troupe à laquelle ils appartiennent ; sous aucun prétexte, ils ne sont admis dans les prisons militaires. (Art. **54**.)

D. — Quelles sont les formalités à observer pour faire lever l'écrou ?

R. — Les individus détenus ne peuvent être mis en liberté que sur l'ordre du chef d'état-major ou des officiers prévôtaux.

L'ordre d'extraction concernant un militaire est toujours envoyé à son chef de corps, qui fait prendre le détenu par un sous-officier.

Les détenus de passage sont extraits par les gendarmes chargés de les transférer et qui présentent au gardien-chef l'ordre de conduite visé par l'officier prévôtal.

D. — Quelles sont les précautions à prendre avant la mise en route des prisonniers ?

R. — Aucun homme ne doit être mis en route sans avoir été visité et reconnu en-état de supporter les fatigues du voyage ; il doit être pourvu d'une bonne paire de chaussures. (Art. **55**.)

D. — Quels sont les registres tenus par le gardien-chef ?

R. — Le gardien-chef tient deux registres d'écrou, l'un pour les militaires, l'autre pour les civils. Ces registres sont cotés et paraphés par le commandant du quartier général (modèles n° 8 et 9).

Le gardien-chef y inscrit, au fur et à mesure des entrées, les nom, prénoms, âge, lieu de naissance, grade et corps du détenu, ainsi que l'indication de l'autorité qui a ordonné l'écrou.

D. — Comment sont constatés l'écrou et la levée d'écrou ?

R. — L'écrou est constaté sur le registre, en regard de chaque nom, par la signature du militaire de la gendarmerie, ou d'une autre arme, qui a conduit le détenu à la prison. Le gardien-chef remet, en échange du détenu, un récépissé signé, constatant le jour et l'heure où le prisonnier a été écroué.

La levée d'écrou est constatée sur le registre par la signature du militaire de la gendarmerie, ou d'une autre arme, porteur de l'ordre d'extraction. Il y est fait mention de la date de la sortie et de la destination donnée au détenu.

D. — Comment opère-t-on l'extraction dans les cas particuliers qui l'occasionnent ?

R. — Lorsqu'un détenu est appelé, soit comme prévenu, soit comme témoin, devant le conseil de guerre ou au greffe, il est remis au gendarme chargé de le conduire, sur un mandat d'extraction signé du commissaire du gouvernement rapporteur ou de son substitut. Il doit être réintégré à la prison avant le coucher du soleil, ou immédiatement après la levée de la séance s'il a comparu devant le conseil de guerre.

Lorsqu'un détenu est envoyé à l'hôpital ou à l'ambulance, il y est conduit par un gendarme porteur d'un billet d'entrée délivré par l'officier de santé chargé de la visite sanitaire des détenus, et signé par le gardien-chef. Ce gendarme rapporte une déclaration d'entrée, sur le vu de laquelle mention de la mutation du détenu est portée au registre d'écrou dans la colonne « observations ». (Art. **56**.)

D. — Que fait-on des fonds appartenant aux détenus ?

R. — Le gardien-chef fait fouiller, en présence de l'agent qui l'a amené, tout détenu écroué pour quelque motif que ce soit, s'il n'est pas officier, afin de s'assurer qu'il n'a sur lui, au moment de son arrivée, ni argent, ni objets meurtriers

Toute somme trouvée en sa possession lui est retirée; le gardien-chef en inscrit le montant sur le registre des comptes courants des détenus (modèle n° 10) et fait signer l'intéressé en présence du témoin précité.

Les sommes que le détenu peut recevoir ultérieurement de sa famille sont inscrites par le gardien-chef sur ce même registre, en présence du détenu et d'un gendarme de service à la prison; l'intéressé émarge en regard de l'inscription.

Si le détenu ne sait pas signer, il appose sa croix en présence des mêmes personnes, qui signent et certifient que lecture a été faite des inscriptions.

Les sommes appartenant au détenu servent à l'achat d'objets d'absolue nécessité.

Les comptes sont arrêtés tous les mois si de nouvelles inscriptions ont été faites.

Lorsque le détenu quitte la prison, son compte est arrêté définitivement. S'il est rendu à la liberté, son argent lui est remis et cette remise est constatée sur le registre par sa signature; s'il est transféré sur un autre point, l'argent est remis aux gendarmes chargés du transfèrement, qui attestent la remise par leur signature au registre des comptes courants et au registre d'écrou.

En cas d'évasion ou de décès, cet argent est versé au Trésor.

D. — *Comment la nourriture des prisonniers est-elle assurée ?*

R. — Il est pourvu à la nourriture des prisonniers au moyen de rations perçues, en même temps que celles de la prévôté, sur des bons établis au titre de la justice militaire. Ces rations sont les mêmes que celles de la troupe, à l'exception du vin et des autres liquides.

Les registres d'écrou, visés chaque jour par le sous-intendant, servent de pièces justificatives pour ces allocations et perceptions.

Les détenus entrant avant l'heure de la soupe du soir ont droit à la ration complète pour le jour de leur entrée.

Ceux qui sont mis en liberté touchent la totalité de la ration pour le jour de leur sortie et quelle que soit l'heure de cette sortie.

Les passagers ne reçoivent, avant leur départ, qu'une ration de pain; le complément des vivres leur est délivré à la prison dans laquelle ils doivent coucher.

Les vivres ne peuvent, sous aucun prétexte, être remplacés par une allocation pécuniaire. (Art. 58.)

D. — *Quels sont les soins d'hygiène et de propreté ?*

R. — Les chambres sont balayées le matin et le soir, aérées le plus souvent possible; trois fois par jour on doit vider les baquets, les laver à grande eau et remplir les cruches.

Les détenus se lavent tous les jours et changent de chemise une fois par semaine. A cet effet, chacun d'eux doit posséder deux chemises. Le linge qui manque aux détenus militaires leur est fourni par leur corps ou, à défaut, par les corps que le commandement désigne à cet effet; les détenus civils sont pourvus par l'autorité locale, sur réquisition de l'officier prévôtal. (Art. 59.)

D. — *Comment sont passées les visites sanitaires ?*

R. — Les prisons sont visitées tous les jours par un officier de santé du quartier général désigné à cet effet. Les militaires écroués depuis la visite de la veille lui sont présentés; ceux qui sont atteints de maux contagieux sont conduits à l'hôpital ou à l'ambulance, sous escorte de la gendarmerie. Il en est de même des malades. (Art. 60.)

D. — *Comment sont maintenues la police et la discipline ?*

R. — Le gardien-chef est responsable de tout ce qui concerne le service de la prison ; il prend, pour en empêcher les évasions, toutes les mesures qu'il croit nécessaires.

Il lui est défendu de maltraiter les détenus ; il use de son autorité avec justice et modération, mais toujours avec fermeté.

Il est fait chaque jour trois appels des détenus. La nuit, des visites ont lieu.

Les mouvements ordonnés aux détenus doivent toujours être exécutés en silence.

Tous les jeux de hasard sont sévèrement interdits entre les détenus.

Les chants et les démonstrations bruyantes sont également défendus.

Les détenus sont responsables de la conservation de leurs effets.

Les militaires de la gendarmerie ne doivent leur vendre ou leur faire passer quoi que ce soit, sous peine de punition sévère.

Les lettres qu'écrivent ou reçoivent les détenus sont lues par le gardien-chef ; celles des officiers sont remises au chef d'état-major, qui en prend connaissance s'il le juge utile.

Les condamnés à la peine de mort et à toute autre peine afflictive et infamante sont, autant que possible, mis à part. Après leur condamnation, et avant leur réintégration à la prison, ils sont soigneusement fouillés et privés de tout moyen de destruction. (Art. 61.)

D. — *Quelles sont les punitions à infliger aux prisonniers ?*

R. — Les fautes légères des détenus sont punies par les corvées hors tour ; les fautes graves d'indiscipline, par la cellule de correction simple, ou même par la cellule de correction avec fers.

La corvée hors tour implique l'obligation de prendre part à toutes les corvées pendant vingt-quatre heures.

La cellule de correction, avec ou sans fers, entraîne la suppression de tous les vivres autres que le pain. La cellule avec fers ne peut être infligée pour plus de huit jours ; elle est prescrite dans le cas de fureur ou de violence grave, et les officiers prévôtaux peuvent seuls la prononcer. L'exécution de la punition de cellule avec fers est assurée au moyen des chaînettes ou même des poucettes de la gendarmerie.

Le gardien-chef porte à huit jours seulement la punition de la cellule de correction simple ; au delà, l'intervention de l'officier prévôtal est nécessaire.

Toute punition prononcée par le gardien-chef, ou en son absence par le plus ancien gendarme, doit recevoir immédiatement son exécution.

L'officier prévôtal rend compte au commandant du quartier général des punitions infligées aux détenus. (Art. 62.)

D. — *Comment se font les corvées ?*

R. — Les corvées se font à tour de rôle.

Tous les détenus, sauf les officiers, sont astreints aux corvées, soit intérieures, soit extérieures ; ces dernières se font sous escorte.

La cuisine est faite par l'un d'entre eux.

Il en est de même pour le blanchissage du linge.

Les détenus qui blanchissent ou font la cuisine sont exempts de toute autre corvée. (Art. 63.)

D. — *Quelles sont les visites de surveillance des officiers ?*

R. — Les officiers prévôtaux visitent tous les jours, au moins une fois, les prisons à des heures variables. Ils reçoivent les réclamations des détenus, y font droit s'il y a lieu, et signent les registres d'écrou.

Le commandant du quartier général, qui a dans ses attributions la surveillance des prisons, visite également la prison à des jours et à des heures indéterminés. Il se fait rendre compte du fonctionnement du service, entend les réclamations, examine avec les officiers prévôtaux la suite qu'elles peuvent recevoir, et constate sa visite par sa signature aux registres d'écrou.

Les sous-intendants visitent aussi tous les jours les prisons pour s'assurer que le nombre des détenus existant est en concordance avec celui qui résulte des inscriptions faites sur les registres d'écrou; ils apposent leur visa sur ces derniers. (Art. 64.)

D. — *Quelles sont les communications autorisées avec les détenus ?*

R. — Personne n'est admis à visiter les détenus sans l'autorisation écrite du chef d'état-major, du commandant du quartier général ou de l'officier prévôtal.

Ont libre accès dans les prisons, à moins d'ordres exceptionnels du général commandant le corps d'armée ou la division :

Les commissaires du gouvernement rapporteurs et leurs substituts;
Les officiers généraux;
Les chefs d'état-major;
Les officiers de police judiciaire;
Les chefs de corps ou de service;
Les membres de l'intendance chargés de la surveillance administrative de la prison;
Le médecin chargé du service sanitaire;
Les ministres des différents cultes attachés à l'armée;
Les défenseurs des prévenus munis d'une autorisation du commissaire du gouvernement rapporteur;

Lorsqu'un officier ou assimilé paraît dans la prison, tous les détenus se lèvent. (Art. 65.)

D. — *Que fait-on en cas de décès d'un détenu ?*

R. — En cas de décès d'un détenu à l'hôpital ou à l'ambulance, un billet de décès est adressé sur-le-champ au gardien-chef, qui dresse procès-verbal et envoie à l'hôpital ou à l'ambulance un gendarme reconnaître le décédé.

Le gardien-chef fait mention du décès sur le registre d'écrou; il en est donné, en outre, avis au corps auquel appartient le détenu, s'il est militaire.

On opère d'une manière analogue quand le détenu meurt dans un des locaux de la prison.

Dans aucun cas, le procès-verbal ou sa copie ne doit être joint à l'acte de décès.

D. — *Et en cas d'évasion ?*

R. — Lorsqu'un détenu parvient à s'évader, le gardien-chef rend compte immédiatement à l'officier prévôtal, qui avise sans délai le chef d'état-major et le commandant du quartier général.

Le signalement de l'évadé est transmis sans délai à toutes les prévôtés voisines; les recherches les plus actives sont faites pour retrouver l'évadé.

L'officier prévôtal ouvre une enquête dans le but de déterminer s'il y a eu connivence, ou simplement négligence.

Tout militaire de la gendarmerie qui laisse évader un prisonnier est puni disciplinairement. Il peut être traduit devant le conseil de guerre et condamné aux peines portées aux articles 237 et suivants du Code pénal. (Art. 67.)

D. — *Qu'est-ce que la situation sommaire des prisons ?*

R. — Chaque matin, le gardien-chef établit une situation sommaire de la prison (modèle n° 11). Les détenus y sont portés numériquement par catégories ; les mutations y sont inscrites nominativement, ainsi que les punitions prononcées. Il y est fait également mention succincte des événements graves qui se seraient passés dans les vingt-quatre heures.

Cette situation est adressée à l'officier prévôtal. (Art. 68.)

D. — *Qu'est-ce que l'ordre de transfèrement ?*

R. — L'ordre de transfèrement est donné par le commandement dont dépend la prison militaire, et comprend, autant que possible, un certain nombre de détenus qu'on forme en convoi.

Les ordres de transfèrement sont toujours enregistrés ; ils restent entre les mains du gardien-chef de la prison militaire. (Art. 69.)

D. — *Comment et où sont conduits les individus transférés ?*

R. — La gendarmerie est chargée de conduire les condamnés jusqu'au lieu où ils doivent subir leur peine, s'ils sont militaires, ou de les livrer aux autorités civiles de l'intérieur, s'ils n'appartiennent pas à l'armée.

Les transfèrements sont soumis aux mêmes règles qu'à l'intérieur. Les prisonniers provenant des troupes d'opérations sont remis au service des étapes aux points où, d'après les ordres du commandant de l'armée, doit s'établir le contact entre les services de l'avant et les services de l'arrière. A partir de ces points, les transfèrements s'exécutent, suivant le cas, par voie ferrée ou par voie de terre, à la diligence de la prévôté des étapes. (Art. 70.)

D. — *Quelles sont les pièces qui accompagnent chaque condamné ?*

R. — Chaque condamné militaire doit être accompagné d'un ordre de conduite individuel, d'un extrait de jugement, d'un état signalétique et d'un relevé de punitions ; chaque condamné civil, des deux premières pièces seulement, le signalement étant porté sur l'ordre de conduite.

La copie certifiée de l'ordre de transfèrement est portée intégralement au dos de chaque ordre de conduite ; en marge, il est fait mention du détail des pièces qui suivent l'individu transféré, des valeurs lui appartenant et des effets dont il est détenteur. (Art. 71.)

D. — *Comment la relève des gendarmes est-elle assurée ?*

R. — Les gendarmes sont relevés, suivant le cas, de prévôté en prévôté ou de gîte d'étape en gîte d'étape ; ils sont pourvus d'une feuille de route individuelle, visée pour l'aller et le retour, et rejoignent immédiatement la fraction de l'armée à laquelle ils sont attachés.

Ils doivent, avant de revenir, se présenter au commandant d'étape si la relève a lieu au gîte d'étape. (Art. 72.)

D. — *Comment s'effectue la remise des prisonniers ?*

R. — Chaque jour, les individus transférés sont déposés, à leur arrivée, dans la prison d'étape, où ils reçoivent les vivres.

Les gendarmes se font donner reçu des individus transférés, des pièces, de l'argent et des valeurs sur le carnet de correspondance. (Art. 73.)

D. — *Que fait le chef d'escorte en cas de crimes et délits commis par les prisonniers ?*

R. — Si un prisonnier transféré commet un crime ou un délit, le chef de détachement informe comme officier de police judiciaire militaire ; l'inculpé est mis à la disposition du général commandant la fraction de l'armée dans l'arrondissement de laquelle a été perpétrée l'infraction, pour être traduit devant le conseil de guerre de cette fraction.

La marche des autres prisonniers n'est jamais retardée.

Il est rendu compte à l'autorité qui a ordonné le transfèrement. (Art. 75.)

D. — *Quel est le rôle de la gendarmerie dans les marches ?*

R. — La gendarmerie est chargée, pendant les marches :

1° Du commandement, de la direction et de la surveillance des trains régimentaires ;

2° Du maintien de l'ordre en arrière des colonnes ;

3° De la garde des prisonniers. (Art. 78.)

D. — *Quelle est la répartition du personnel en vue de l'exécution du service ?*

R. — En général, le groupe spécialement affecté à la garde des prisonniers comprend les prévôtaux à pied, et les deux autres groupes sont constitués par des prévôtaux à cheval, un gendarme monté étant, dans les trains régimentaires, chargé de la surveillance d'une vingtaine de voitures (colonne de 250 mètres environ).

Le plus grand soin, la plus vive sollicitude doivent être apportés journellement dans la désignation des prévôtaux à cheval pour telle ou telle mission, suivant que la mission est plus ou moins pénible : il faut avoir égard à la fois à l'état physique des hommes et à celui des chevaux. Le mieux, surtout quand les gendarmes à pied marchant avec les trains peuvent y remplacer des cavaliers pour la surveillance à exercer, est de former avec des gendarmes à cheval un quatrième groupe, une sorte de réserve, que les événements amèneront peut-être à rendre des services des plus appréciés, mais à laquelle on cherche principalement à procurer, pendant vingt-quatre heures, un repos aussi complet que possible : c'est à cette condition que la gendarmerie suffira, en satisfaisant entièrement le commandement, aux nécessités imprévues, à la tâche laborieuse, incessante, si complexe qui lui incombe en campagne et qui exige avant tout du tact, de l'intelligence, un esprit calme et dispos. Ce quatrième groupe sert, d'ordinaire, d'escorte au prévôt. (Art. 79.)

D. — *Comment est assuré le commandement des divers groupes des trains d'un corps d'armée ?*

R. — Le commandement de ces divers groupes est respectivement exercé par le vaguemestre du quartier général et les commandants des forces publiques placés près des unités précitées, ou par le plus ancien des officiers d'approvisionnement si le commandant de la force publique est inférieur en grade à ce dernier, s'il est absent ou s'il n'a pas le grade d'officier. (Art. 80.)

D. — *Comment s'effectue la répartition du service à la réunion et au départ des trains ?*

R. — Le prévôt ou le commandant de la force publique vérifie pour chaque train régimentaire l'heure de son arrivée au point initial et s'assure qu'il occupe la place qui lui est assignée ; il lui affecte un gendarme à cheval. Le même gendarme est, autant que possible, toujours affecté au même train. Il a pour devoir de seconder l'officier ou le sous-officier qui commande ce train, en surveillant la file des voitures, en s'assurant que les distances sont conservées et que les conducteurs se conforment à toutes les prescriptions données. (Art. 81.)

D. — *Quelles sont les dispositions pour la marche ?*

R. — La marche s'exécute autant que possible sur le côté droit de la route, de manière à laisser le côté gauche libre pour la circulation. En général, les voitures marchent sur une file; chaque voiture est à un mètre de celle qui la précède.

Il est essentiel que chaque voiture reste au rang qui lui est assigné et à sa distance, pour éviter des allongements dans la colonne.

Les groupes principaux, train du quartier général du corps d'armée, trains des divisions, train de la brigade de cavalerie, gardent entre eux une distance de cinquante mètres. Dans chaque groupe, il est formé un certain nombre de subdivisions de marche, sans séparer les voitures appartenant à une même unité.

Le type de ces subdivisions, qui marchent à vingt mètres les unes des autres, est le train d'un régiment d'infanterie. (Art. 82.)

D. — *Quel est le fractionnement des trains régimentaires ?*

R. — Généralement, un certain nombre de voitures des trains régimentaires, vidées par les distributions journalières, devront, au lieu de suivre immédiatement les troupes, se porter vers les centres de ravitaillement qui leur auront été désignés.

Les prévôts et commandants des forces publiques prescrivent sur les divers itinéraires des rondes destinées à surveiller l'ensemble des mouvements.

Dans tous les cas, la gendarmerie doit prêter son concours aux autorités qui dirigent les opérations de ravitaillement dans les divers centres; prendre, de concert avec elles, les dispositions nécessaires pour que ces opérations s'exécutent dans les conditions prescrites par le commandement. (Art. 83.)

D. — *N'y a-t-il pas des marques obligatoires sur les voitures et les fourgons?*

R. — Les fourgons des généraux, des chefs de service et des régiments sont marqués des numéros des corps d'armée, des divisions, des brigades, des régiments, et portent l'indication des services auxquels ils sont affectés.

La gendarmerie s'assure que les prescriptions ci-dessus sont strictement exécutées. (Art. 84.)

D. — *La gendarmerie ne doit-elle pas s'occuper de la composition du train régimentaire ?*

R. — Chaque chef d'état-major remet au prévôt ou au commandant de la force publique de son quartier général un état indiquant la composition du train régimentaire qu'il doit commander et diriger. Les prévôts ou les commandants des forces publiques (à l'égard des trains qu'ils commandent et dirigent), ainsi que les sous-officiers de gendarmerie qui leur sont adjoints, vérifient si l'on se conforme aux ordres donnés quant au nombre et à la nature des moyens de transport.

Ils arrêtent les voitures non autorisées, les font sortir de la route, leur interdisent de suivre la colonne, et préviennent les conducteurs qu'en cas de récidive les chevaux seront saisis. Si ce cas se présente, les chevaux sont remis au train des équipages sur reçu, et il est rendu compte au chef d'état-major. Ils s'assurent si les individus qui suivent de près les trains régimentaires ont le droit de le faire et même de se trouver à l'armée.

Quand, par exception, des voitures de réquisition font partie des trains régimentaires, la gendarmerie est autorisée à employer tous les moyens coercitifs envers les charretiers qui conduisent mal leurs voitures, maltraitent leurs chevaux ou s'arrêtent pour boire. Ceux qui résistent avec violence, qui se livrent au pillage ou qui, au moment d'une attaque, cherchent à s'enfuir, doivent être traduits devant un conseil de guerre.

D. — *Que fait-on des gendarmes qui n'ont pas une attribution spéciale ?*

R. — Les commandants des trains régimentaires répartissent, pour la surveillance entre les différents groupes composant la colonne, les gendarmes qui n'ont pas une attribution spéciale, en ayant soin d'en prélever un petit noyau pour marcher à environ 200 mètres de la dernière voiture, surveiller la route et l'entrée des chemins latéraux, et ramasser les traînards qui pourraient appartenir soit au personnel des trains régimentaires, soit même à la colonne principale qui les précède. (Art. 85.)

D. — *La gendarmerie concourt-elle à la défense des trains ?*

R. — En principe, les trains régimentaires sont gardés par les hommes de troupe qui, pour une cause quelconque, marchent avec eux et par les conducteurs des voitures.

La gendarmerie, comme les autres troupes, prête, en cas de besoin, son concours armé à la défense ; en outre, une escorte spéciale est donnée aux trains régimentaires, quand la situation militaire et leur éloignement de la colonne le rendent nécessaire. (Art. 89.)

D. — *La gendarmerie concourt-elle au maintien de l'ordre en arrière des colonnes ?*

R. — La gendarmerie n'a pas seulement, dans les marches, à assurer l'ordre et la police des colonnes formées par les trains régimentaires ; des gendarmes peuvent être chargés d'exercer une surveillance sur les flancs et sur les derrières des colonnes dans l'espace de terrain compris entre le dernier détachement de police et la tête du train régimentaire. Ce détachement de police, qui est commandé en général par un officier, est constitué par des éléments prélevés dans le dernier régiment de la colonne, auxquels sont adjoints, s'il est possible, des sous-officiers pris dans tous les régiments. Il précède l'arrière-garde de 400 mètres environ, en détachant, à droite et à gauche de la route, des patrouilles pour arrêter les maraudeurs et faire rejoindre les traînards.

Les individus arrêtés, quels qu'ils soient, sont remis au détachement de police le plus à proximité. A l'arrivée, les traînards sont remis à la garde de police de leur corps et les maraudeurs et les pillards restent à la disposition de la gendarmerie.

Dans l'exécution de ce service de surveillance, la gendarmerie doit interroger les paysans, les voyageurs, afin d'obtenir, s'il est possible, des renseignements sur l'ennemi. Elle observe avec soin les individus qui stationnent sur le bord de la route pour voir défiler les colonnes, parce que, parmi les curieux, peuvent se glisser des espions qui viennent évaluer la force et les ressources de la troupe en marche. Si les gendarmes connaissent la langue du pays, ils s'arrêtent, au besoin, soit pour causer avec les habitants, soit pour écouter les réflexions échangées entre eux. (Art. 91.)

D. — *Comment s'effectuent la mise en route des prisonniers et leur garde pendant la marche?*

R. — Les prisonniers sont mis en marche en même temps que le détachement de gendarmerie affecté à leur garde.

Si les trains régimentaires forment colonne séparée, les prisonniere marchent en tête de cette colonne.

Si les trains régimentaires sont intercalés dans la colonne de combat, les prisonniers marchent avec la prévôté ou force publique qui a fourni leur garde spéciale.

Les mesures de surveillance à prendre à leur égard sont les mêmes qu'en temps de paix. (Art. 92.)

D. — *Quels sont les devoirs de la gendarmerie pendant le combat?*

R. — Les détachements de gendarmerie qui accompagnent les troupes sont chargés de la police et du maintien de l'ordre en arrière des corps engagés.

Ils veillent, au moyen de postes et de patrouilles, à ce qu'aucun encombrement ne se produise sur les voies de communication, notamment dans les défilés et sur les ponts.

Ils interpellent les militaires qu'ils rencontrent errant ou s'éloignant du champ de bataille sans motif valable, leur enjoignent de retourner à leur poste et les arrêtent s'il y a lieu. Ils dirigent ceux qui sont blessés sur la formation sanitaire la plus voisine.

Ils se renseignent sur l'emplacement des différentes unités des sections de munitions ou de parc, des formations sanitaires, etc., qui se trouvent dans leur voisinage, de manière à pouvoir en donner avis aux officiers et aux troupes intéressées.

Ils protègent les blessés et les prisonniers de guerre; ils s'opposent au pillage ainsi qu'au dépouillement des morts.

En cas de retraite, ils font dégager les routes pour faciliter la marche des troupes. Les détachements de gendarmerie qui accompagnent les trains régimentaires veillent au maintien de l'ordre et à l'exécution rigoureuse des prescriptions données par le commandement.

Ils empêchent ces trains de stationner sur les routes, et prennent les dispositions nécessaires pour qu'ils puissent, le cas échéant, rétrograder avec ordre et rapidité. (Art. 93.)

D. — *Quels sont les devoirs de la gendarmerie après le combat?*

R. — Après le combat, le chef d'état-major donne des ordres pour faire rechercher les blessés des deux armées et leur assurer les soins nécessaires, faire enterrer les morts après constatation de leur identité et assainir le champ de bataille.

Des corvées sont fournies par les corps ou requises dans la population, pour le creusement des fosses et pour le transport des morts jusqu'à ces fosses. Des voitures sont, au besoin, réclamées aux habitants pour ce dernier objet.

Jusqu'à l'achèvement de ces opérations, un service de police, auquel concourt la gendarmerie, est organisé sur tout le champ de bataille, en vue d'arrêter les rôdeurs ou maraudeurs et d'interdire que les tués ou blessés ne soient dévalisés.

Elle surveille l'exécution des ordres donnés pour faire recueillir le matériel, les armes, les munitions, ainsi que tous les objets ou papiers trouvés sur les morts.

La gendarmerie peut être également chargée d'organiser et de conduire les convois de réquisition formés, s'il y a lieu, pour l'évacuation des blessés. (Art. 94.)

D. — *Où sont conduits les prisonniers de guerre ?*

R. — Les prisonniers sont conduits, par les soins des corps qui les ont capturés, sur les points désignés à l'avance par le commandement, et remis à la gendarmerie.

En principe, les officiers et assimilés doivent être immédiatement séparés de la troupe.

A leur arrivée au quartier général du corps d'armée, les prisonniers sont remis au prévôt, qui les divise immédiatement en groupes de vingt hommes au plus, placés chacun sous la direction du plus élevé en grade d'entre eux ou, à défaut, du plus ancien soldat lettré, et fait rechercher ceux qui sont susceptibles de pouvoir servir d'interprètes.

Autant que possible, les prisonniers sont séparés par nationalité.

Les déserteurs ennemis ne sont pas confondus avec les prisonniers faits au cours des opérations.

En résumé, la gendarmerie prend en charge les prisonniers de guerre après leur capture. Elle les groupe et en dirige la surveillance jusqu'au jour de leur évacuation. A partir de ce moment, l'action de la gendarmerie cesse à leur égard. (Art. 95.)

D. — *Quels sont les devoirs de la gendarmerie en ce qui concerne les réquisitions ?*

R. — La gendarmerie doit dresser procès-verbal des réquisitions abusives ainsi que de celles qui sont faites par des militaires n'ayant pas qualité pour les exercer, afin que ces infractions soient poursuivies conformément aux prescriptions de l'article 22 de la loi du 3 juillet 1877. (Art. 96.)

D. — *Qu'entend-on par sauvegarde ?*

R. — Les établissements publics ou particuliers tels que : hôpitaux, couvents, moulins, etc., dont il importe, dans l'intérêt de l'armée, d'interdire l'entrée aux troupes d'une manière absolue reçoivent des sauvegardes.

Les sauvegardes ne peuvent être établies que par les officiers généraux.

Les hommes employés au service des sauvegardes reçoivent un ordre scellé du cachet du général qui les a établies.

Il est aussi donné des sauvegardes écrites ou imprimées, signées du commandant de l'armée, et contresignées du chef d'état-major général, et portant le cachet de l'état-major général.

Les sauvegardes de ce genre présentées aux troupes doivent être respectées comme une sentinelle ; elles sont numérotées et enregistrées.

Le grand prévôt est chargé de la surveillance des sauvegardes ; elles lui obéissent, ainsi qu'aux officiers et sous-officiers de gendarmerie. (Art. 87 du service des armées en campagne.)

D. — *Qu'est-ce que les sauf-conduits ; la gendarmerie doit-elle s'en occuper ?*

R. — Le général en chef peut délivrer des sauf-conduits ou laissez-passer, qui sont de véritables passeports ayant pour effet de permettre, à ceux qui en sont l'objet, de traverser les lignes de l'armée.

Un sauf-conduit n'est valable que pour les personnes qui y sont désignées nominativement et sur le territoire occupé par l'armée. Il perd sa valeur par l'écoulement du délai qui y est déterminé, à moins que les titulaires n'aient été empêchés par cas de force majeure, dûment constaté, d'exécuter la traversée des lignes.

Lorsque la gendarmerie rencontre des personnes munies de sauf-conduits, elle doit s'assurer avec le plus grand soin de la validité de ces titres et de l'identité des porteurs, et ne pas hésiter, en cas de doute, à empêcher ces derniers de continuer leur route, jusqu'à ce que leur identité soit parfaitement établie. (Art. 98.)

D. — *La gendarmerie du service des étapes n'est-elle pas chargée de recueillir certains renseignements?*

R. — La gendarmerie des étapes renseigne, autant que possible, les commandants d'étapes sur l'état d'esprit des populations, sur les agissements des anciens fonctionnaires ou, employés civils et des habitants suspects résidant dans le pays, sur l'existence des dépôts ou magasins que les autorités locales ou les particuliers auraient intérêt à cacher, sur les ressources de toutes sortes que peut offrir le territoire du commandement d'étapes (vivres, fourrages, fours de boulanger, moulins, établissements industriels utiles à l'armée, moyens de transport, bâtiments susceptibles d'être aménagés en hôpitaux, magasins, casernes, etc.). (Art. 100.)

D. — *Les détachements et militaires isolés de passage sont-ils l'objet d'une surveillance spéciale?*

R. — La gendarmerie veille à ce que les détachements de passage observent les consignes établies, soit dans l'intérieur de la localité, soit dans ses environs, pour assurer le bon ordre et éviter l'encombrement.

Elle exerce une surveillance particulière sur les isolés de passage.

Tout militaire isolé, non pourvu de feuille de route, ou rencontré hors de la direction que lui assigne sa feuille de route, est arrêté. Le commandant d'étapes statue à son égard. (Art. 101.)

D. — *Que fait-on des habitants ou étrangers prévenus de crimes ou de délits contre l'armée?*

R. — La gendarmerie arrête également les habitants ou les étrangers qui sont prévenus de crimes ou délits contre l'armée, et les amène devant le commandant d'étapes. Ce dernier, après enquête sommaire, les met en liberté ou les dirige sur le conseil de guerre le plus voisin. (Art. 102.)

D. — *Quelle surveillance a-t-elle à exercer sur les étrangers, les anciens employés et sur les réunions publiques?*

R. — La gendarmerie surveille les hôtels et les auberges, se fait rendre compte de l'arrivée des étrangers, et opère l'arrestation de tout individu dépourvu de passeport ou de papiers établissant nettement sa situation.

Elle exige la présentation de la carte d'identité dont doit être muni chacun des membres de la Société de secours aux blessés.

Elle exerce une surveillance particulière sur les anciens employés des postes, des télégraphes, des forêts, etc.

Elle ne tolère aucune réunion publique sans autorisation préalable. (Art. 103.)

D. — *Quelles sont les mesures de salubrité publique auxquelles concourt la prévôté d'étapes?*

R. — La gendarmerie surveille la qualité des denrées vendues ou fournies par les habitants.

Elle assure l'exécution stricte des mesures de police sanitaire prescrites par le commandant d'étapes. Elle signale sans retard, à ce dernier, l'apparition des maladies épidémiques. (Art. 104.)

D. — *Quel est le service de la gendarmerie des étapes dans les gares ?*

R. — Le poste de gendarmerie d'étape affecté à la police d'une gare est placé sous l'autorité du commissaire militaire de cette gare. Il est chargé de surveiller les voyageurs et de maintenir l'ordre dans la gare lors du passage ou de l'arrivée des trains militaires.

Tous les voyageurs dont l'identité demeure douteuse, ou dont les intentions peuvent sembler suspectes, sont conduits devant le commandant de la gendarmerie ou le commissaire de gare.

D'une manière générale, le commandant du poste de gendarmerie reçoit du commissaire militaire de gare les instructions nécessaires pour l'exécution de son service. Ces instructions visent notamment la police de la gare au départ et à l'arrivée des trains militaires, la surveillance des militaires isolés, la police des salles, des quais et des abords immédiats de la gare, etc.

Les gendarmes signalent, au besoin, au commissaire militaire de gare, les infractions commises.

Tout individu qui cherche, par un moyen quelconque, à entraver la marche des trains ou à intercepter les communications télégraphiques est arrêté et conduit devant l'officier de police judiciaire militaire le plus voisin.

Lorsqu'il existe dans la zone d'étapes un embarcadère de bateaux à vapeur, on peut y établir un service de gendarmerie analogue à celui des gares. (Art. 105.)

D. — *Quel usage est-il fait de la feuille de service en campagne ?*

R. — Toutes les fois que les circonstances le permettent, le service habituel de la gendarmerie est relaté sur une feuille de service.

Il y est fait mention de tous les services exécutés pendant les vingt-quatre heures.

Il peut aussi y être donné reçu, par le gardien-chef, des détenus écroués et des valeurs en numéraire ou autres qui leur appartiennent. (Art. 111.)

D. — *Comment établit-on les procès-verbaux en campagne ?*

R. — Les procès-verbaux sont établis en une seule expédition et envoyés, dans les vingt-quatre heures, à l'autorité compétente.

L'analyse des procès-verbaux est portée sur le registre de correspondance en même temps que l'envoi y est mentionné.

Les procès-verbaux sont établis sur papier libre ; ils ne sont pas enregistrés, mais les rédacteurs en inscrivent un résumé sommaire sur leur carnet-calepin.

Les gendarmes peuvent être entendus à l'appui de leurs procès-verbaux. (Art. 112.)

D. — *Qu'est-ce que le carnet-calepin ?*

R. — Les chefs de brigade et les gendarmes doivent être pourvus d'un carnet-calepin, modèle n° 14, sur lequel ils portent, d'après l'ordre de leur prévôt ou commandant de la force publique, les renseignements que celui-ci juge utiles pour le service, concernant :

Les employés civils autorisés à suivre l'armée ;
Les marchands, vivandiers et cantiniers ;
Les déserteurs ;
Les individus sous le coup de mandats de justice ;
Les individus signalés comme espions ;
Les ordres importants du commandement ;
Les ordres et instructions de leurs chefs prévôtaux ;

Enfin, le sommaire des procès-verbaux dressés, avec l'indication de l'autorité à laquelle ils ont été envoyés. (Art. 113.)

D. — *Quel est le rôle de la gendarmerie en campagne au point de vue du service judiciaire ?*

R. — La gendarmerie remplit, en campagne, un double rôle au point de vue judiciaire.

En premier lieu, elle recherche les crimes et les délits commis par les individus justiciables des tribunaux militaires, en rassemble les preuves et en livre les auteurs à l'autorité chargée d'en poursuivre la répression devant ces tribunaux.

En second lieu, elle constitue, sous le nom de prévôté, un tribunal d'exception, appelé à venir en aide aux conseils de guerre, en exerçant une répression immédiate et sans appel sur le personnel flottant qui s'attache aux armées, et en deviendrait le fléau, s'il n'était sévèrement et promptement châtié.

Le premier de ces deux rôles est exercé par les officiers de police judiciaire militaire, parmi lesquels sont compris les officiers, sous-officiers et commandants de brigade de gendarmerie. Le second est rempli exclusivement par les officiers de gendarmerie.

D. — *Que faut-il entendre par les mots : commandants de brigade officiers de police judiciaire militaire ?*

En ce qui concerne les fonctions d'officier de police judiciaire militaire, il faut entendre par les mots *commandants de brigade*, non seulement les sous-officiers et les brigadiers de gendarmerie, mais encore les simples gendarmes qui exercent un commandement provisoire ou intérimaire.(Art. 119.)

D. — *Quels sont les justiciables des conseils de guerre aux armées ?*

R. — Sont justiciables des conseils de guerre aux armées pour tous crimes, délits et contraventions :

a) 1° Les justiciables des conseils de guerre en temps de paix, lesquels sont déterminés par les articles 55 et suivants du Code de justice militaire ;

2° Les individus employés, à quelque titre que ce soit, dans les états-majors ou dans les services qui dépendent de l'armée ;

3° Les vivandiers et les vivandières, cantiniers et cantinières, les blanchisseurs, les marchands, les domestiques et autres individus à la suite de l'armée en vertu de permissions.

b) Sont justiciables des conseils de guerre, si l'armée est sur le territoire ennemi ou sur le territoire étranger occupé par les troupes françaises, tous individus prévenus, soit comme auteurs, soit comme complices, d'un des crimes ou délits prévus par le titre II du livre IV du Code de justice militaire ou d'une infraction de nature à porter atteinte à la sûreté de l'armée.

c) Sont également justiciables des conseils de guerre, lorsque l'armée se trouve sur le territoire français en présence de l'ennemi, pour les crimes et délits commis dans l'arrondissement de cette armée :

1° Les étrangers prévenus des crimes et des délits prévus par le titre II du livre IV du Code de justice militaire ;

2° Tous individus prévenus comme auteurs ou complices des crimes prévus par les articles 204, 205, 206, 207, 208, 249, 250, 251, 252, 253 et 254 du Code de justice militaire. (Art. 120.)

D. — *Quelle est la compétence des prévôtés ?*

R. — Les prévôtés ont juridiction :

1° Sur les vivandiers, vivandières, cantiniers, cantinières, blanchisseurs,

marchands, domestiques, et toutes personnes à la suite de l'armée en vertu
de permissions;

2° Sur les vagabonds et gens sans aveu;

3° Sur les prisonniers de guerre qui ne sont pas officiers, ou qui, l'étant,
ont, par suite d'infraction à leur parole, perdu cette qualité et ne sont plus
considérés et traités que comme soldats.

Les prévôtés connaissent à l'égard des individus ci-dessus désignés, dans
l'étendue de leur ressort:

1° Des infractions prévues par l'article 271 du Code de justice militaire
(contraventions de police, infractions aux règlements relatifs à la discipline);

2° De toute infraction dont la peine ne peut excéder six mois d'emprisonnement et deux cents francs d'amende, ou l'une de ces peines;

3° Des demandes en dommages-intérêts qui n'excèdent pas 150 francs,
lorsqu'elles se rattachent à une infraction de leur compétence.

Les individus employés, à quelque titre que ce soit, dans les états-majors
ou dans les services qui dépendent de l'armée ne sont justiciables que des
conseils de guerre. Ils ne rentrent donc pas dans la catégorie des personnes
à la suite de l'armée en vertu de permissions, visées dans le premier paragraphe du présent article. (Art. 123.)

*D. — Quels sont les devoirs des commandants de brigade de gendar-
merie aux armées comme officiers de police judiciaire militaire ?*

R. — Les officiers et les commandants de brigade de gendarmerie
doivent, en leur qualité d'officiers de police judiciaire militaire, aussitôt qu'ils
ont connaissance d'un crime ou délit commis soit par des militaires, soit par
des individus justiciables des conseils de guerre, se transporter sur les lieux
et faire les actes d'information nécessaires, conformément aux prescriptions
des articles 83 et suivants du Code de justice militaire.

L'instruction à laquelle ils procèdent en pareil cas réclame une attention
d'autant plus sérieuse qu'en raison des mouvements de l'armée elle est souvent la seule qui puisse être faite.

Les pièces établies par l'officier de police judiciaire militaire ayant, aux
termes de l'article 104 du Code de justice militaire, la même force et la même
autorité en justice que si elles émanaient du commissaire du gouvernement
rapporteur, il importe que toutes les formalités prescrites par la loi soient
scrupuleusement observées.

Ils sont tenus de déférer à la réquisition de comparaître comme témoins,
quand elle leur est faite régulièrement. (Art. 124.)

D. — Comment les dénonciations et plaintes sont-elles reçues ?

R. — Les officiers de police judiciaire militaire reçoivent, en cette
qualité, les dénonciations et les plaintes qui leur sont adressées.

Celles-ci doivent énoncer autant que possible :

1° La nature et les circonstances de l'infraction;

2° Le temps et le lieu où elle a été commise;

3° Les preuves et les indices à la charge de l'auteur de l'infraction;

4° Les noms, prénoms, professions et demeures des plaignants ou dénon-
ciateurs, des témoins s'il en existe et des inculpés s'ils sont connus.

Les officiers de police judiciaire militaire appelés à recevoir des plaintes
ou dénonciations se conforment aux prescriptions des articles 116, 117, 118
et 119 du décret du 20 mai 1903, lesquelles sont applicables aux armées.

Ils donnent suite aux plaintes et dénonciations et informent sur-le-champ,
s'il y a lieu.

Tout militaire ou employé à l'armée qui a connaissance d'un crime ou délit doit en donner sur-le-champ avis à un officier de gendarmerie ou à tout autre militaire de cette arme; il est tenu de répondre catégoriquement aux questions qui lui sont adressées par eux. (Art. 125.)

D. — *En quoi consiste l'instruction d'une affaire ?*

R. — Les instructions judiciaires nécessitent en général la rédaction de trois sortes d'actes :

1° *L'interrogatoire de l'inculpé;*
2° *La constatation du corps du délit et de l'état des lieux;*
3° *L'audition des témoins.*

L'officier de police judiciaire militaire qui procède à une instruction est tenu, pour la régularité des actes qu'il établit, de se faire assister d'un greffier, qui doit être âgé au moins de 25 ans et à qui il fait préalablement prêter serment d'en bien et fidèlement remplir les fonctions. La présence du greffier est également obligatoire lorsque l'officier de police judiciaire militaire opère en vertu d'une commission rogatoire.

En cas de flagrant délit, l'officier de police judiciaire militaire peut faire saisir les militaires ou les individus justiciables des tribunaux militaires, inculpés d'un crime ou délit : il dresse procès-verbal de l'arrestation en y consignant les noms, prénoms, qualités et signalement des individus arrêtés.

En cas de fuite de l'inculpé, il procède immédiatement à l'instruction et en transmet le résultat, dans le plus bref délai, à l'autorité militaire.

Hors le cas de flagrant délit, tout militaire ou tout individu justiciable de conseils de guerre, en activité de service, ne peut être arrêté qu'en vertu de l'ordre de son supérieur.

L'arrestation effective est seule interdite, mais le droit subsiste, d'ordonner que l'accusé sera mis sous main de justice. L'officier de police judiciaire doit lorsqu'il prend cette mesure de prudence, en référer immédiatement au chef dont relève le délinquant. (Art. 126.)

D. — *Comment procède-t-on à l'interrogatoire de l'inculpé ?*

R. — Si, au moment où l'officier de police judiciaire militaire commence son instruction, l'inculpé est arrêté, il doit être procédé tout d'abord à son interrogatoire. La loi veut qu'il en soit ainsi, afin que l'inculpé connaisse dès le début les motifs de la poursuite dont il est l'objet, et que, d'autre part, l'officier de police judiciaire puisse diriger ses investigations d'après les réponses qui lui auront été faites.

Ce premier interrogatoire peut, d'ailleurs, être sommaire, le nombre des interrogatoires n'étant pas limité.

L'officier de police judiciaire militaire interroge l'inculpé sur ses nom, prénoms, âge, lieu de naissance, profession et domicile avant son entrée au service et sur les circonstances du délit : il lui fait représenter les pièces à conviction, et l'interpelle pour qu'il ait à déclarer s'il les reconnaît.

L'interrogatoire fini, il en est donné lecture à l'inculpé, afin qu'il déclare si ses réponses ont été fidèlement transcrites, si elles contiennent la vérité et s'il y persiste.

L'interrogatoire est signé par l'inculpé et clos par la signature de l'officier de police judiciaire militaire et celle du greffier. Si l'inculpé refuse de signer, mention est faite de son refus; il en est de même s'il ne sait ou ne peut signer.

S'il y a plusieurs inculpés du même délit, chacun d'eux est interrogé séparément, sauf à les confronter s'il y a lieu.

S'il en est besoin, l'officier de police judiciaire militaire peut avoir recours à un interprète, sous la réserve qu'il sera âgé de vingt et un an au moins, qu'il prêtera serment et signera à la fin du procès-verbal d'interrogatoire.

Un témoin ne peut être désigné comme interprète, même après avoir été entendu.

Si l'intervention d'un traducteur est nécessaire, l'officier de police judiciaire militaire procède comme il vient d'être dit pour l'interprète, sous la réserve qu'il lui fera prêter le serment prescrit par l'article 44 du Code d'instruction criminelle.

L'inculpé est interrogé hors de la présence des témoins. (Art. 127.)

D. — Quelle est la procédure dans le cas où l'inculpé est arrêté au cours de l'instruction ?

R. —. Si l'inculpé est arrêté pendant le cours de l'instruction, l'officier de police judiciaire militaire procède immédiatement à son interrogatoire, lui donne lecture des procès-verbaux déjà rédigés et constatant les opérations qui auraient dû être faites en sa présence ; il le fait ensuite assister à celles qui ne sont pas encore terminées. Il entend, comme témoins, les personnes qui ont opéré l'arrestation de l'inculpé (afin de constater les circonstances de cette arrestation) et celles qui ont saisi sur lui des objets pouvant servir de pièces à conviction. (Art. 128.)

D. — Comment s'opèrent la constatation du corps du délit et de l'état des lieux, et la saisie des pièces à conviction ?

R. — La rédaction des procès-verbaux nécessaires pour constater le corps du délit et l'état des lieux peut, suivant le cas, précéder ou suivre l'audition des témoins.

Lorsqu'il s'agit de blessures ou de mort violente, l'officier de police judiciaire militaire, conformément à l'article 44 du Code d'instruction criminelle, se fait assister d'un médecin qui rédige un rapport sur l'état des blessures, ou sur les causes de la mort et l'état du cadavre. S'il s'agit de blessures, le rapport doit indiquer leur gravité et la durée présumée de l'incapacité de travail qui en sera la conséquence.

Avant de procéder à l'examen, le médecin doit prêter serment entre les mains de l'officier de police judiciaire de faire son rapport et de donner son avis en son honneur et conscience. L'officier de police judiciaire constate la prestation de serment sur son procès-verbal, et joint à ce dernier le rapport après l'avoir visé. En cas de nécessité absolue, un second médecin peut être appelé.

Il est procédé de la même manière lorsqu'il y a lieu d'appeler des experts qui, par leur art ou profession, sont capables d'apprécier la nature du crime ou du délit.

L'officier de police judiciaire militaire décrit le plus exactement possible dans son procès-verbal l'état des lieux dans lesquels le crime ou le délit a été commis ; il constate avec soin le corps du délit ; il indique, s'il y a lieu, l'état du cadavre, la position exacte qu'il occupait quand on l'a découvert, le nombre et la gravité des blessures ; il relate les perquisitions et toutes les opérations qui ont été faites, et énumère, en les décrivant, les pièces à conviction qui ont été trouvées et saisies (armes, effets, papiers, etc.).

L'officier de police judiciaire militaire doit saisir tout ce qui est à décharge aussi bien qu'à charge, en un mot, tout ce qui peut servir à la manifestation de la vérité.

Si la nature du crime ou du délit est telle que la preuve puisse vraisemblablement être acquise par les papiers ou autres pièces et effets en la possession de l'inculpé, l'officier de police judiciaire se transporte de suite au domicile de cet inculpé, s'il en a un, pour y faire la recherche de ces objets et les saisir.

Les objets saisis sont clos et cachetés si faire se peut, et, s'ils ne sont pas susceptibles de recevoir des caractères d'écriture, ils sont mis dans un vase ou dans un sac sur lequel l'officier de police judiciaire attache une bande de papier qu'il scelle de son sceau.

Toutes ces opérations doivent se faire en présence de l'inculpé, s'il a été arrêté, et, s'il ne veut ou ne peut y assister, en présence d'un fondé de pouvoir qu'il pourra nommer; il en est fait mention au procès-verbal. Les objets saisis lui sont présentés à l'effet de les reconnaître et de les parapher, s'il y a lieu ; en cas de refus, il en est fait également mention au procès-verbal.

Il doit être donné lecture à l'inculpé de tout procès-verbal qui se rapporte à la constatation du corps du délit et de l'état des lieux, ainsi qu'aux perquisitions et aux saisies de pièces à conviction. (Art. 129.)

D. — *Comment procède-t-on à l'audition des témoins ?*

R. — L'officier de police judiciaire militaire reçoit les déclarations des personnes présentes sur les lieux ou qui auraient des renseignements à donner; il peut appeler quiconque est présumé en état de donner des éclaircissements pouvant conduire à la découverte de la vérité.

Il entend les témoins séparément et hors de la présence de l'inculpé; il leur fait prêter serment de dire toute la vérité, rien que la vérité. Les témoins, levant la main droite, répondent : « Je le jure. »

L'officier de police judiciaire leur demande leurs noms, prénoms, âge, profession, demeure ; s'ils sont domestiques, parents ou alliés des parties et à quel degré ; il est fait mention de la demande et des réponses des témoins.

Chaque déposition est signée, à la fin, par l'officier de police judiciaire, le greffier et par le témoin, après que lecture lui en a été faite et qu'il a déclaré y persister. Si le témoin ne veut ou ne peut signer, il en est fait mention.

Chaque page du procès-verbal d'information doit être signée par l'officier de police judiciaire et par le greffier.

Les témoins peuvent être confrontés avec l'inculpé ; dans ce cas la confrontation est constatée dans le procès-verbal d'audition, au moyen d'une mention spéciale.

Il ne doit y avoir dans les dépositions aucun interligne, et tous les renvois, ratures et surcharges doivent être approuvés et signés par l'officier de police judiciaire, le greffier et le témoin. A cet effet, chaque renvoi est suivi des mots : « Approuvé le présent renvoi », au dessous desquels sont placées les signatures. Les ratures sont approuvées à la fin de la déposition et avant les signatures par les mots : « Approuvé (indiquer en toutes lettres le nombre) mots rayés nuls. » S'il existe des surcharges, elles sont indiquées à la suite des mots rayés nuls par : « et les mots surchargés. » (Indiquer les mots qui ont été surchargés.) Les règles qui précèdent doivent être observées dans tous les autres actes de l'instruction.

D. — *Quels sont les témoins qui doivent être entendus sans prestation de serment ?*

R. — Les enfants au-dessous de l'âge de 15 ans peuvent être entendus sans prestation de serment, à titre de simple renseignement. Il en est de même des ascendants de l'inculpé, de ses descendants, de ses frères et sœurs, de ses alliés au même degré, de son conjoint.

D. — *Quelle doit être l'attitude des témoins ?*

R. — Les témoins militaires doivent déposer sans armes; ils se tiennent debout et découverts, à moins que l'officier de police judiciaire ne permette qu'il en soit autrement.

D. — *Les dépositions des témoins sont-elles lues à l'inculpé ?*

R. — En campagne, l'officier de police judiciaire militaire doit remplir cette formalité et le constater.

D. — *Que fait-on en cas de refus d'un témoin ?*

R. — Si l'un des témoins appelés refuse de venir déposer, l'officier de police judiciaire militaire se contente de rédiger, de ce refus, un procès-verbal qui est joint à la procédure, en ayant soin d'y indiquer le fait sur lequel le témoin devait déposer. L'article 103 du Code de justice militaire réserve, en effet, au rapporteur le droit de contraindre les témoins à donner leur témoignage.

D. — *Que fait-on en cas d'absence d'un témoin ?*

R. — Lorsque des militaires, témoins du crime ou du délit, ne se trouvent pas sur les lieux à l'arrivée de l'officier de police judiciaire militaire, ce dernier doit les citer à comparaître devant lui. (Art. 130.)

D. — *Comment clôture-t-on l'information préliminaire ?*

R. — Lorsque l'information est terminée, les inculpés sont conservés à la disposition de l'officier général auquel ils ont été présentés en exécution des articles 38 et 46 du titre I qui précède.

Toutes les pièces de l'information lui sont adressées.

Lorsque des militaires en absence illégale ou déserteurs se sont rendus coupables d'un crime ou d'un délit depuis qu'ils ont quitté leurs corps, il est procédé, à leur égard, après l'information qui doit être faite sur-le-champ, comme il vient d'être dit.

Même observation pour les prisonniers évadés. (Art. 131.)

D. — *Comment procède-t-on à la recherche et à l'arrestation, hors le cas de flagrant délit, sur mandat judiciaire ?*

R. — Lorsque le mandat s'applique à un individu de l'ordre civil, la gendarmerie le met à exécution directement et par toutes voies de droit. S'il s'agit d'un militaire, les gendarmes procèdent à l'arrestation en conformité des prescriptions de l'article 127 ci-dessus ; ils notifient le mandat au chef de corps, qui en assure l'exécution. (Art. 132.)

D. — *Les perquisitions dans un établissement militaire ou civil ne sont-elles pas, dans certains cas, l'objet de certaine formalité ?*

R. — Dans le cas de flagrant délit, l'officier de police judiciaire militaire qui informe est autorisé à pénétrer, sans aucune formalité préalable, dans les établissements militaires ou civils. Son action ne doit, en effet, subir aucun retard qui permettrait de faire disparaître les preuves du crime ou du délit et de soustraire le coupable à la justice.

Lorsque le flagrant délit a cessé, l'officier de police judiciaire militaire appelé à constater, dans un établissement civil, un crime ou un délit de la compétence des tribunaux militaires ou à y faire arrêter un de ses justiciables adresse à l'autorité civile ou judiciaire compétente ses réquisitions tendant, soit à obtenir l'entrée de cet établissement, soit à assurer l'arrestation de l'inculpé. L'autorité est tenue de déférer à ces réquisitions. L'officier de police judiciaire militaire est accompagné dans ses recherches par le chef de l'établissement ou par un de ses agents, qui est tenu de signer le procès-verbal de perquisition ou d'arrestation ; en cas de refus ou d'impossibilité de signer, il en est fait mention.

C'est ainsi qu'il est procédé lorsque l'armée se trouve encore à l'intérieur du pays ou qu'elle occupe un pays allié. Mais en territoire ennemi, l'officier de police judiciaire militaire qui informe est autorisé à pénétrer dans un établissement civil, sans être assisté d'aucune autorité civile, s'il ne s'en trouve pas sur les lieux ; mention en est faite au procès-verbal.

Lorsque, dans les mêmes circonstances que ci-dessus, c'est-à-dire hors du cas de flagrant délit, l'officier de police judiciaire militaire a besoin de pénétrer dans un établissement militaire, il s'adresse à l'officier qui commande sur les lieux, et, en cas de refus, il en réfère à l'officier immédiatement supérieur au premier. (Art. 133.)

D. — *Comment fait-on une perquisition dans une maison particulière ?*

R. — S'il est nécessaire de pénétrer dans une maison particulière, l'officier de police judiciaire militaire, en pays ennemi, ou dans un territoire en état de guerre ou en état de siège, ou dans une place assiégée ou investie, s'il ne se trouve sur les lieux aucune autorité civile chargée de l'assister peut passer outre, et mention en est faite au procès-verbal. (Art. 134.)

D. — *Que savez-vous à propos des commissions rogatoires ?*

R. — Le commissaire du gouvernement rapporteur peut décerner des commissions rogatoires aux officiers et aux chefs de brigade à l'effet d'entendre des témoins, de recueillir des renseignements et d'accomplir tous les actes inhérents à leur qualité d'officier de police judiciaire militaire.

Les règles pour l'exécution d'une commission rogatoire sont les mêmes que celles suivies par l'officier de police judiciaire militaire lorsque, dans toute autre circonstance, il procède à une information. L'assistance d'un greffier, qui prête serment, est toujours obligatoire; dans ce cas, mention est faite de cette formalité au procès-verbal d'information.

L'officier de police judiciaire militaire fait citer les témoins régulièrement et sans frais par la gendarmerie ou par tous autres agents de la force publique. Il doit y avoir, autant que possible, un délai de vingt-quatre heures entre le moment de la notification et la comparution du témoin.

Si un témoin est détenu dans une prison ou en traitement dans un hôpital civil ou militaire, l'officier de police judiciaire s'y transporte, accompagné du greffier, à l'effet de recevoir sa déclaration.

D. — *Que feriez-vous en pareil cas, si le témoin ne pouvait comparaître ?*

R. — Lorsqu'il est constaté, par un certificat d'un officier de santé, que l'un des témoins est dans l'impossibilité de comparaître sur la citation qui lui a été donnée, l'officier de police judiciaire militaire, accompagné de son greffier, se transporte à sa demeure pour recevoir sa déposition.

Si l'un des témoins n'est plus dans l'arrondissement de la fraction de l'armée à laquelle appartient l'officier de police judiciaire militaire saisi par une commission rogatoire, ce dernier en informe sur-le-champs le commissaire du gouvernement rapporteur.

D. — *Et en cas de refus d'un témoin ?*

R. — Si l'un des témoins refuse de comparaître ou de déposer, l'officier de police judiciaire dresse un procès-verbal, ainsi qu'il est prescrit à l'article 131 de la présente instruction, et l'envoie, sans délai, au commissaire du gouvernement rapporteur en même temps que l'original de la citation.

D. — *Les témoignages à recueillir sont-ils limités par la commission rogatoire ?*

R. — Dans le cas où l'officier de police judiciaire militaire pense qu'il y a lieu d'entendre d'autres témoins que ceux portés sur la commission rogatoire, il les fait citer régulièrement.

D. — *Comment l'information est-elle close ?*

R. — L'information terminée, le greffier rassemble les pièces du dossier, y compris la commission rogatoire et tout autre document qui aurait été envoyé par le commissaire du gouvernement rapporteur, et dresse, du tout, un inventaire qu'il signe. Le dossier est ensuite adressé par l'officier de police judiciaire militaire au commissaire du gouvernement qui l'a délégué ; toutes les pièces doivent être closes et cachetées. Les pièces à conviction sont portées au greffe du conseil de guerre ; elles doivent être mentionnées sur l'inventaire, ainsi que les originaux de notification de cédule et l'état des frais (s'il y en a eu) joint au procès-verbal d'information. (Art. 135.)

D. — *Quelles sont les règles relatives aux frais de la justice militaire ?*

R. — Les officiers de tous grades, les fonctionnaires et employés militaires, les sous-officiers, caporaux et soldats en activité, appelés en témoignage, n'ont droit, pour leur déplacement, à aucune indemnité spéciale sur les fonds de la justice militaire.

Il en est de même :

1° Des officiers de tous grades, des fonctionnaires et employés militaires en disponibilité ou en non activité, jouissant d'un traitement ;

2° Des employés de l'armée, ou attachés à la suite, qui reçoivent de l'Etat un traitement.

Les individus non militaires et les employés de l'armée ou attachés à la suite, auxquels l'Etat ne paie directement aucun traitement d'activité, reçoivent, quand ils sont appelés en témoignage, une indemnité qui est fixée par l'officier de police judiciaire, savoir :

Les témoins qui ne sont pas domiciliés à plus d'un myriamètre du lieu où ils seront entendus, n'auront droit à aucune indemnité de voyage : il pourra leur être alloué, sur leur demande, pour chaque jour, une taxe de :

A Paris, deux francs (2 fr.) ; dans les villes de 40.000 habitants et au-dessus, un franc cinquante centimes (1 fr. 50 c.) ; dans les autres villes et communes, un franc (1 fr.).

Les témoins du sexe féminin admis à déposer et les enfants de l'un et l'autre sexe, au-dessous de l'âge de 15 ans, entendus par forme de déclaration, recevront, savoir :

A Paris, un franc vingt-cinq centimes (1 fr. 25 c.) ; dans les villes de 40.000 habitants et au-dessus un franc (1 fr.) ; dans les autres villes et communes, soixante-quinze centimes (75 c.).

Ceux qui sont domiciliés à plus d'un myriamètre du lieu de comparution, recevront une indemnité de voyage qui sera de 10 centimes par kilomètre parcouru en allant, et autant pour le retour ; mais ils n'auront pas droit à la taxe mentionnée dans le paragraphe précédent.

Si les témoins sont obligés de prolonger leur séjour dans la ville où ils auront été entendus et où ils n'auront pas leur résidence, il leur sera alloué, pour chaque journée de séjour, une indemnité de :

A Paris, six francs (6 fr.) ; dans les villes de 40,000 habitants et au-dessus, cinq francs (5 fr.); dans les autres villes et communes, quatre francs (4 fr.).

Les interprètes sont taxés également par l'officier de police judiciaire à raison de 6 francs par séance entière de jour et de 9 francs par séance entière de nuit; la traduction par écrit, qu'ils peuvent être appelés à faire, de pièces à conviction rédigées en langue étrangère, constitue un travail à part dont le prix fait l'objet d'une évaluation spéciale.

Sont taxés, à raison de 6 francs par vacation, les experts écrivains et les officiers de santé ou médecins civils dont le ministère a été requis.

D. — *Comment les mandats sont-ils délivrés ?*

R. — L'officier de police judiciaire militaire qui a instrumenté en vertu d'une commission rogatoire délivre immédiatement aux témoins, interprètes, experts, médecins, les mandats de paiement sur le payeur particulier de la division, ou sur le payeur principal du quartier général dont il fait personnellement partie. Mais il doit préalablement inviter les ayants droit à déclarer s'ils requièrent la taxe. Mention de cette déclaration est faite dans le mandat.

Les mandats de paiement des témoins sont inscrits au dos de la cédule qu'ils ont apportée en venant déposer. S'il s'agit d'un médecin ou d'un expert, le mandat de paiement est inscrit au dos de la copie de la réquisition qui lui a été adressée. La réquisition devant faire partie de la procédure, c'est une copie de cette réquisition qui sert à allouer la taxe.

Un bordereau des sommes allouées aux témoins, et s'il y a lieu, aux médecins et aux experts, est joint aux pièces d'information, lors de leur envoi, afin que ces frais puissent figurer dans l'exécution des jugements de condamnation.

Le mandat de paiement délivré à chaque témoin doit indiquer son état ou sa profession et son domicile. Dans le cas où le témoin est un sous-officier ou soldat en congé, sans solde, ou bien appartenant à la réserve, le mandat en fait également mention.

D. — *Si l'officier de police judiciaire militaire a fait des frais personnels, comment peut-il se les faire rembourser ?*

R. — Lorsqu'un officier de police judiciaire militaire s'est déplacé pour un acte de son ministère, et que ce déplacement lui occasionne des frais, il doit, pour en obtenir le remboursement, établir un mémoire qu'il joint aux pièces à adresser au général. Le commissaire du gouvernement rapporteur saisi de l'affaire est tenu de rendre ce mémoire exécutoire. (Art. 137.)

D. — *Par qui les citations doivent-elles être notifiées ?*

R. — Toutes les assignations, citations et notifications aux témoins, aux inculpés ou accusés, sont faites sans frais par la gendarmerie ou par les autres agents de la force publique.

Par agents de la force publique, il faut entendre, aux armées, les sous-officiers, caporaux ou brigadiers, et même les soldats. (Art. 137.)

D. — *Par quel moyen ?*

R. — Les citations se font au moyen de cédules.

Il y a deux sortes de cédules : la première, pour témoins civils, est toujours individuelle, à cause de la taxe; la deuxième, pour militaires, peut être collective, ces derniers n'ayant droit à aucune indemnité; cependant, elle devra être individuelle si les témoins n'appartiennent pas au même corps, ou s'ils ne sont pas dans le même casernement ou cantonnement.

La formule est la même dans tous les cas; seulement, la cédule du témoin civil doit porter au dos le mandat de paiement en vertu duquel le payeur du corps d'armée ou de la division lui paie l'indemnité qui lui est allouée. (Art. 138.)

D. — *A qui doit être notifiée la citation d'un témoin militaire, en cas d'absence ?*

R. — Les cédules concernant les militaires sont notifiées à l'officier de jour ou, en son absence, au sous-officier de jour le plus élevé en grade, qui est tenu d'en aviser immédiatement le chef de corps ou de détachement, auquel incombe le soin de prendre les mesures nécessaires pour assurer la comparution en temps utile. L'officier ou le sous-officier précité vise l'original de signification. (Art. 139.)

D. — *Et la citation d'un témoin non militaire ?*

R. — La remise directe de la citation peut être effectuée en quelque lieu que ce soit, au domicile du témoin, parlant à sa personne ou à ses parents, ou à ses serviteurs, ou même partout ailleurs qu'au domicile, mais parlant à sa personne. La personne qui reçoit l'assignation est invitée à signer l'original de signification, qui est retourné au parquet.

Si l'agent de la force publique ne peut trouver le témoin, si ses parents ou serviteurs refusent de recevoir la cédule, il doit en remettre la copie à un voisin, qui signera l'original de la signification ; à défaut de voisin, au maire ou à l'adjoint. (Art. 140.)

D. — *Quelles sont les limites de compétence des officiers de police judiciaire militaire ?*

R. — Les officiers de police judiciaire militaire appartenant à la gendarmerie ne peuvent informer que dans l'arrondissement de la fraction de l'armée dont ils font partie.

Par arrondissement, il faut entendre l'ensemble des cantonnements (le territoire) occupés par cette fraction d'armée jusqu'à la limite du territoire occupé par la fraction ou les fractions voisines.

Quand un officier ou un chef de brigade, se trouvant en dehors de sa circonscription, a connaissance d'un crime ou d'un délit, ou même en est témoin, son devoir est de faire prévenir immédiatement l'officier ou le chef de brigade le plus à proximité, et, en attendant ce dernier, de s'assurer de la personne du coupable et de recueillir tous les renseignements nécessaires. Il dresse procès-verbal et est entendu, comme témoin, par l'officier de police judiciaire militaire compétent. (Art. 141.)

D. — *Que doit-on faire des réquisitions d'information adressées par certaines autorités militaires aux chefs de brigade de gendarmerie ?*

R. — Les chefs de brigade de gendarmerie doivent se faire remettre ces réquisitions, qu'ils joignent à leurs procès-verbaux d'information. (Art. 142.)

D. — *A quel moment commence la compétence des officiers prévôtaux ?*

R. — La juridiction prévôtale commence au moment où l'armée opère sur le territoire étranger. (Art. 144.)

D. — *Quelle est la composition des tribunaux prévôtaux ?*

R. — Les officiers prévôtaux jugent seuls assistés d'un greffier, qu'ils choisissent parmi les sous-officiers et brigadiers de gendarmerie.

En entrant en fonctions auprès des officiers qui les emploient, les greffiers prêtent serment de bien et fidèlement remplir leurs fonctions.

Les tribunaux prévôtaux s'établissent partout où ils se trouvent, même dans les champs ; il suffit qu'il y ait un délinquant à juger. (Art. 145.)

Paris. — Imp. Léautey, rue Saint-Guillaume, 24

Paris — Imp. A. Le Normand, rue St-Guillaume, 24